C'EST MOI QUI DÉCIDE !

Pour les élèves de l'École de Danse de l'Opéra de Paris, rencontrés pendant l'année 1997-1998...

Avis aux lecteurs

Vous êtes nombreux à nous écrire
et nous vous en remercions.
Pour être sûrs que votre courrier arrive,
adressez votre correspondance à :

Bayard Éditions
Collection Passion de lire
3 / 5, rue Bayard
75008 Paris.

Et bravo pour votre Passion de lire !

ILLUSTRATION DE COUVERTURE
JERRY FAYARD
D'APRÈS UNE PHOTO DE
MARIE PRIHNENKO

Cœur Grenadine

C'EST MOI QUI DÉCIDE !

ANNE-MARIE POL

PASSION DE LIRE
BAYARD POCHE

BIOGRAPHIE

Née à Rabat, au Maroc, Anne-Marie Pol a eu une enfance et une adolescence voyageuses ; elle a vécu au Sénégal, au Congo, sur la Côte d'Azur et à Paris, avant de s'installer en Espagne, où elle a travaillé comme mannequin pendant une dizaine d'années. De retour à Paris, après des études théâtrales à la Sorbonne, elle se décide à réaliser un vieux rêve : écrire. Anne-Marie Pol a reçu de nombreux prix dont le Prix littéraire de la ville de Neuilly, en 1990, pour l'ensemble de son oeuvre.

Cœur Grenadine est une marque déposée,
reproduite avec l'aimable autorisation d'Alain Souchon et de Laurent Voulzy

Loi n° 49-956 du 16 juillet 1949
sur les publications destinées à la jeunesse
Dépôt légal juin 1999

ISBN : 2 227 738 72 3

Chapitre 1

CARLOTTA, DANSEUSE

Dimanche soir. Vers 17 h 30.

Maman s'agite dans ma chambre. Elle va du placard à mon lit, où mes affaires sont étalées. C'est toujours elle qui fait mon sac. Comme si je n'avais pas déjà quatorze ans, 1 m 68 et toutes mes dents ! Moi, assise sur le pouf, je la regarde en me tortillant une mèche, ou l'enroulant autour de mon bout de nez. Une petite boucle châtain clair me fait loucher : je ris. En fait, je me force un peu.

Tout à l'heure, je retourne en pension. Le week-end à la maison est fini-n-i-ni !
Je me dis : « Pas marrant… pas marrant du tout ! »
Le dimanche soir, j'ai toujours un coup de cafard. Une espèce de creux dans la poitrine. Je sais que la semaine va être dure. Je suis élève à l'École de Danse de l'Opéra de Paris. Et je me demande si l'envie de danser va réussir, une fois encore, à remplir ce creux-là.
J'ai très peur que non… quelquefois. Je me sens si fatiguée à l'avance ! Un peu triste, aussi, mais je n'oserais jamais l'avouer à Maman. Elle serait trop déçue. Elle est si fière de moi ! Quand elle me présente ici ou là, elle dit : « Voici Carlotta, ma fille unique… une future ballerine, vous savez ? » Et j'ai l'impression qu'elle avale une cuillerée de miel. Maman adore le miel !
Mais, à cet instant, elle répète entre ses dents, comme une espèce de comptine :
– Justaucorps, collants, linge propre, socquettes, cache-cœur, chaussons… le compte est bon !
Elle me sourit :

– Tu as tout, mon petit rat d'amour.
Ce surnom ! Je lève les yeux au ciel, mais je réponds tout de même :
– Merci, Maman… d'amour !
– Arrête de te moquer de moi, badine-t-elle tout en serrant les courroies de mon sac à dos.
Elle est un peu rouge de tous ses efforts, une mèche blonde s'échappe de son petit chignon. Elle est jolie, je trouve. Mince comme une danseuse. J'ai pris ses yeux. D'un bleu très foncé. Presque violets, dit-elle. Moi, je les vois bleus. Point.
– Tâche d'être attentive en classe.
Ça y est ! Les conseils de dernière minute ! Je proteste :
– Mais je SUIS attentive.
– Penses-tu !
Elle fronce les sourcils :
– Le prof de maths se plaint que tu dessines pendant son cours !
Je souffle un « pouh ! » désabusé. J'ai horreur des maths.
– L'essentiel est que je sois attentive à la danse, tu ne crois pas ?
Touchée ! Maman hoche la tête. Me levant d'un bond, je la prends par le cou, lui colle

un bisou sur la joue (elle est à peine plus grande que moi) et, paraphant le tout comme une signature, je fais une superbe arabesque, la jambe bien tendue derrière moi. Au lieu de m'admirer, elle gronde :
– Attention, Carlotta, ne fais pas de mouvements à froid ! Tu risques de t'abîmer les muscles.
– Ils sont solides !
Et je m'échappe dans un tourbillon de déboulés. J'adore tourner. Mais ma petite chambre n'est pas le lieu idéal pour des exhibitions chorégraphiques : ma pantoufle se prend dans le rebord du tapis. Je trébuche :
– Aïe !
Je me rattrape à la table. Maman pousse un cri :
– CARLOTTA !
Puis, tout de suite :
– Tu t'es fait mal ? Dis, tu t'es fait mal ?
J'éclate de rire. Elle se mord les lèvres :
– Carlotta, tu es insupportable.
Ah bon ! En tout cas, ce brusque exercice m'a remise en forme. Je n'ai plus mon drôle de creux dans la poitrine. Je me sens mieux. Je dis :

– Il faut y aller.

Et j'envoie valdinguer mes savates pour enfiler mes baskets. En jean, grand sweat-shirt noir, les cheveux dans tous les sens... à cette minute, je n'ai rien d'un cygne ou d'une fée, personnages que je danserai un jour. Non, je ressemble tout bêtement à n'importe quelle Parisienne de mon âge. Quoique... je sois plus jolie que la majorité. Enfin..., soit dit entre nous, en toute modestie !

– Je t'accompagne jusqu'au métro Étoile, dit Maman.

Tout à coup, sa figure se brouille un peu. C'est dur pour elle aussi, notre séparation. Elle est toute seule. Mon père est mort (un accident de moto) il y a si, si longtemps... que je n'ai aucun souvenir de lui. À part une photo dans ma chambre. Du coup, pour moi, IL EST cette photo. Définitivement. Un jeune homme aux cheveux fous et dorés, au bord de la mer bleue. En vacances perpétuelles. Très loin. Quand je serai célèbre, peut-être l'apprendra-t-il, là-bas, au pays des morts ? Et il sera fier de moi, j'espère, quand il saura que je porte avec honneur notre nom de famille : Gravier.

CARLOTTA GRAVIER. Je trouve que ça fera bien, sur une affiche.
– À quoi penses-tu, mon petit rat ? demande tout bas Maman.
– Ben… à rien !
On se sourit. Vraiment. On se tend les bras. On se serre très fort. Après, sur le quai du RER, on n'a plus le temps, ni le droit, à mon avis. C'est privé, ces choses-là, les manifestations de tendresse, je veux dire. Je déteste les gens qui se lèchent le museau devant tout le monde ! Montrer ses sentiments aux autres, les étaler en public, c'est peut-être qu'on n'en est pas très sûr… au fond ?
Après un baiser-point final, j'empoigne mon sac à dos, Maman se charge de mon cartable, et on y va ! Mais, avant de sortir de ma chambre, j'y jette un dernier coup d'œil, comme un souvenir à emporter. J'adore cette pièce. Elle ressemble un peu à une loge de danseuse. Une petite barre est fixée à l'un des murs, sous une gravure en noir et blanc que j'ai toujours connue : le portrait de la Grisi, cette ballerine qui a créé le rôle de Giselle en 1841. La tête un peu penchée sous un diadème de fleurs, elle

me regarde avec sympathie. Elle s'appelait Carlotta… et on l'avait surnommée la « dame aux yeux de violette ». Alors, quelquefois, j'imagine lui ressembler un peu. Sur mon lit, parmi les coussins roses, se serre toute ma famille en peluche – lapin, hibou, ourson, caniche, etc. qui va m'attendre sagement, jusqu'à vendredi prochain. Et, accroché à une patère, ébouriffé comme une pivoine bleue, il y a mon premier tutu…

– Dépêche-toi, Carlotta, dit Maman.

Je referme la porte.

*

Dans le métro, on ne dit pas un mot. Chacune pense à sa semaine de travail à venir. Maman est agent de maîtrise dans une compagnie d'assurances. À la minute, elle doit ressasser dossiers et Cie. Mais elle tressaille soudain :

– Tu as bien emporté le Tricostéril ?

Perdu ! elle ne pensait pas à son boulot, mais à moi ! Je réponds précipitamment :

– Oui-oui, ne t'inquiète pas.

Je ne risque pas d'oublier ces petits pansements roses qui protègent mes orteils dans

les chaussons à pointes. J'ai les pieds sensibles, malheureusement !
Étoile. On descend, emportées par le flot qui se déverse vers le RER. Dans cinq minutes, je retrouverai mes copines ; on sera séparées, ma mère et moi. À cette idée, je ne peux pas m'empêcher de la prendre par la main, comme si j'avais encore dix ans, l'époque où j'ai été admise à l'École de Danse. Ses doigts serrent les miens. Très fort.
Et j'aperçois… juste devant nous, prête à franchir le portillon :
– Sophie !
Elle se retourne. Sa mère, qui l'accompagne, aussi. On les rejoint. Bisous, saluts et sourires. Je lâche la main de Maman. On descend l'escalier roulant en cortège, filles devant, dames derrière.
– Tu as passé un bon week-end ? demande Sophie.
Elle a une figure de souris rigolote. Des yeux vifs. Noirs comme des grains de café. Les cheveux blonds entortillés en tresses à la russe. Je l'aime bien. On est dans la même classe depuis la sixième division. Avec une troisième fille, Marguerite, on

partage aussi la même chambre. Après un regard en biais en direction de madame mère, Sophie me chuchote :
– Moi, je suis allée à une boum, c'était génial… et j'ai revu Germain. Je te raconterai.
GERMAIN. Je trouve ce prénom immonde. Comment peut-on être amoureuse d'un garçon qui s'appelle Germain ? En tout cas, ça n'arrête pas Sophie, qui depuis la rentrée – on est à la mi-octobre – nous bassine avec son chéri ! Moi, je ne suis amoureuse de personne…
On débouche sur le quai… où Marguerite tourne comme une bête en cage, ses yeux noirs pleins d'éclairs de colère. Elle a toujours eu un caractère de chien ! Une demi-minute de retard suffit à l'exaspérer, peut-être parce que ses parents ne l'accompagnent jamais au RER ? En nous apercevant, elle vocifère :
– J'ai cru que vous alliez LE rater !
Mais elle ne dit pas bonjour à ma mère, ni à celle de Sophie. Toutes deux échangent un regard qui en dit long. Voilà Marguerite étiquetée « mal élevée » ! La rame entre en gare. Mes yeux se mettent à picoter. À

croire que j'embarque pour le Kamtchatka !
Les portières s'ouvrent.

– Eh bien, à vendredi, Carlotta, dit Maman.

– Salut !

On monte. Les portières se referment. Je regarde ma mère. Elle me fait un petit signe de la main. J'imprime son image dans ma tête… pour après… si j'ai un coup de déprime. Le train repart, prend de la vitesse et s'engouffre dans le tunnel.

Chapitre 2

SCÈNES DE LA VIE DE PENSION

11h15.
Un tutu.
Un tutu court. Bien sûr. Moi, je n'aime pas les tutus romantiques dont la gaze descend à la cheville. Il faut qu'on voie les jambes d'une danseuse ! Un tutu court, donc. Et noir. Comme celui d'Odile, le cygne noir, la méchante du *Lac des cygnes*. Bustier en satin, plateau en tulle, et quelques plumes luisantes…

Tête penchée, je griffonne. L'inspiration m'emporte.

– CARLOTTA GRAVIER !

Cette voix sèche pète comme une claque. Mon crayon m'en échappe.

– Apportez-moi votre cahier…

Ça y est, c'est parti ! Un problème avec le prof de maths – l'infernal Coppélius ! On lui a donné ce surnom parce qu'avec ses cheveux en flocons de neige et ses petites lunettes, il ressemble au savant fou du ballet *Coppélia*… en moins vieux (et en aussi tartignole : il nous vouvoie toujours !). Je me lève sans entrain.

– … et plus vite que ça !

Quand Coppélius s'énerve, il est redoutable. J'aurais pu y penser avant. Mais non ! j'avais une idée. Et, dès que j'en attrape une, j'ai envie de la « coucher sur le papier », comme on dit. Comment expliquer cette réaction d'artiste à un automate habitué à aligner mécaniquement des chiffres sur un tableau noir ? Mission impossible ! Sans un mot, je lui tends mon œuvre.

Autour de moi, dans la grande pièce claire, c'est le suspense. Marguerite, Sophie et les dix autres, toute la troisième division,

n'osent plus bouger ou respirer. Silence de plomb… que le verdict de Coppélius casse en mille morceaux :
– Navrant, dit-il. Vous n'êtes pas plus douée pour le dessin que pour les mathématiques, Mademoiselle Gravier !
Là, c'est une claque. Pour de bon. J'en ai le souffle coupé. Je me mords la bouche. Je ne sais pas quoi répondre. Je pense très fort : « Espèce de vieux rat ! »
Un sourire moqueur lui retrousse les babines :
– Heureusement que vous avez des jambes !
Cette méchanceté (idiote) me rend mon aplomb. Je m'écrie :
– Oui, heureusement, il n'y a pas que les maths dans la vie !
– La danse non plus, riposte-t-il. Et je vous rappelle, Mademoiselle Gravier, que pour entrer dans le corps de ballet, l'obtention du brevet élémentaire est indispensable… Vous en êtes loin, hélas !
Sa main s'abat sur mon cahier :
– Je montrerai ce chef-d'œuvre à Mme Lorca, la directrice de l'enseignement général. On verra ce qu'elle en pense.
Je tourne les talons. Sans un mot. Ma gorge

est serrée. Mais je ne vais pas pleurer devant Coppélius… et toute la classe ! Cette peste de Justine retient un fou rire, je le parierais, Marguerite m'adresse un clin d'œil et Cyrus me regarde d'un air apitoyé… le crétin ! Les mâchoires serrées, je m'assois à côté de Sophie. D'un geste furtif, elle fait glisser vers moi une feuille où elle a écrit :
TU AS ÉTÉ SUPER.

*

12 h 30.
Dans le brouhaha habituel – voix qui s'entrecroisent, tintements de couverts –, on fait la queue au self. Je choisis une aile de poulet à la purée de carottes, un yaourt et une pomme. J'ai faim. Ce n'est pas Coppélius qui va me couper l'appétit ! Portant mon plateau, je rejoins Sophie et Marguerite qui m'ont gardé une place à leur table, avec vue sur le jardin, s'il vous plaît. Zut ! Cyrus nous colle. Il s'installe en face de moi. J'avale une cuillerée de purée, tout en évitant le regard marron du garçon. Encore un que je connais depuis des années. On a le même âge. À son entrée à

l'École, il ressemblait à un bébé joufflu et il avait une voix flûtée. Maintenant, ses joues sont creuses et, quand il parle… un violoncelle ! On s'est toujours croisés sans se voir, mais depuis quelques jours, on dirait qu'il m'a enfin « vue », lui ! Et il me couve des yeux. Ça m'agace. Je ne le vois toujours pas, moi !

– Ce Coppélius…, commence-t-il.

Je l'assaisonne d'un coup d'œil assassin :

– Oh ! la barbe ! On ne va pas en faire trois actes !

– N'empêche ! Il t'a vraiment dans le collimateur.

Je lève les yeux au ciel : le scoop ! Marguerite pouffe de rire :

– On dirait que tu fais exprès de l'énerver.

– Pas du tout ! Mais c'est plus fort que moi : dès qu'il se met à ronronner, ce vieux rat…

– Les rats ne ronronnent pas, m'interrompt Sophie.

Je balaie cette objection d'un « Qu'est-ce que tu en sais ? » et j'achève :

– … alors, l'inspiration me tombe dessus.

– L'inspiration ? répète Cyrus, ahuri.

Je le regarde, hautaine :

– Tu ne peux pas comprendre.
Vexé, il pique du nez dans son assiette. Et un de neutralisé, un ! Je n'ai aucune raison de confier à ce grand dadais que j'adore inventer des tutus. D'ici qu'il se fiche de moi ! Mais, pour bien montrer qu'elle est dans le secret, Sophie prend un air mystérieux :
– À propos, Carlotta, il faut que je te parle d'un truc… mais après !
– Si je vous dérange, dites-le carrément ! grommelle Cyrus.
Marguerite lui sourit :
– Ne sois pas bête…
Et elle bat des cils comme une héroïne de dessin animé. Ça alors ! Je n'en reviens pas. Lui non plus, d'ailleurs ! Il pique un fard incroyable. On dirait un feu qui passe au rouge ! Pauvre garçon… seul parmi trois filles, il n'aura jamais le dessus, il doit s'y faire !
Mais, franchement, je me demande si Marguerite est en train de jouer la comédie, ou pas ? Au cours de mime, elle est toujours la meilleure. Ses minauderies sont peut-être juste du théâtre… à moins que… ça ne l'énerve que Sophie ait un « Germain »…

alors… elle cherche à attraper un « Cyrus » !
Au secours !
Si mes amies tombent amoureuses (ou font semblant), où va-t-on ? Cette idée me contrarie. On étaient tellement bien, toutes les trois, sans ces complications-là ! D'abord, les plus belles histoires d'amour, c'est sur scène qu'on les vit. On devient la Juliette de Roméo, la Giselle d'Albrecht ou l'Odette du prince… Il y a du suspense, de la passion, et de la danse, surtout ! Et si on meurt de chagrin, c'est pour de faux. Ensuite, je me demande si ça présente un intérêt, de tomber amoureux – en vrai…
– Qu'est-ce que tu as, s'enquiert Sophie, tu ne finis pas ton poulet ?
Je hausse les épaules. Elle me sourit :
– Allez, ne t'en fais pas ! Dans le fond, il n'est pas si méchant que ça, Coppélius…
Je ne réponds pas. Tête baissée, j'attaque mon yaourt. À grands coups de cuiller.

*

13 h 30.
Enfin !
La danse.
Pour moi, elle se mélange souvent à des

détails qui la rendent encore plus précieuse. Aujourd'hui, par exemple, on a le soleil. Un beau soleil d'automne. Par les immenses baies carrées donnant sur le jardin, il entre à flots dans notre studio et dessine par terre une espèce de marelle lumineuse, où je sauterais volontiers à cloche-pied pour m'amuser ! Mais... défendu ! À la minute, du sérieux m'attend.

Je suis déjà à la barre avec les filles de la troisième division ; les garçons ont cours dans un autre studio. Nous nous reflétons dans le grand miroir qui occupe tout un mur. Minces silhouettes presque identiques dans le justaucorps d'uniforme, avec les cheveux liés en un même petit chignon, on ressemble à une ribambelle découpée dans du papier. Je trouve, et je guette mon reflet à moi. Le soleil qui ricoche dans la glace nimbe notre professeur d'une auréole. En jupe volantée et chaussons, Esméralda s'apprête à nous enseigner tout ce qu'elle a appris quand elle était étoile de l'Opéra, il y a longtemps...

Son nom est célèbre dans le monde de la danse, mais ses élèves préfèrent lui donner celui de son rôle préféré : Esméralda, même s'ils n'étaient pas nés quand elle le dansait. Dans le ballet *Notre-Dame de Paris,* elle était géniale, m'a raconté Maman, folle de joie que je l'aie pour prof. Maintenant, le noir corbeau de ses cheveux doit plus à la teinture qu'à la nature et, souvent, elle se tient les reins machinalement – comme si elle souffrait. Elle n'est plus jeune, quoi ! Mais elle reste Esméralda. Pour toujours.

Elle adresse un geste gracieux – et autoritaire – au pianiste :

– Allons-y.

Et, se mêlant au soleil, il y a soudain la musique. Les premières notes des accords ont quelque chose de rassurant, d'impérieux aussi. Attention ! bientôt le point de non-retour, semblent-elles annoncer. Il faut danser. Sans s'arrêter. Et BIEN danser ! Une leçon ratée ne se rattrape jamais.

En un éclair, je revois tout : le dos (droit), les épaules (basses), le ventre (rentré), les genoux (tendus), les pieds (ouverts), les bras (souples), sans parler du reste : regard, sourire, port de tête…

Par moments, j'ai l'impression que mon corps est une sorte de puzzle. Chaque pièce doit s'adapter exactement aux autres, pour que l'image complète soit vraiment belle. Mais, quelquefois, l'un des morceaux m'échappe. Je n'arrive plus à l'encastrer comme il faut. Et j'entends tout à coup la voix d'Esméralda :

– Tes fesses, Carlotta...

Zut ! c'est vrai ! je n'y pensais plus, à celles-là ! Ces fesses, ces maudites fesses !

– ... Serre-les, bon sang !

J'obéis. Mais je m'en veux d'avoir été rappelée à l'ordre. Oh ! lala ! j'ai encore des progrès à faire. Et, dans son regard pensif, je lis qu'Esméralda partage mon avis. Ça me vexe... un peu.

*

14 h 15.

Les muscles bien échauffés par le travail à la barre, les joues écarlates, le décolleté luisant d'une transpiration qui met, aussi, des petites gouttes brillantes à la racine de nos cheveux, on passe au milieu. Chouette ! on va danser pour de bon. Dégagés et jetés pour travailler l'équilibre, un adage, des tours et des sauts... on a du pain sur la planche jusqu'à 15 heures !

On se place en quinconce, face à la glace. En y cherchant mon reflet, une fois de plus, je tâche d'éviter celui de Justine qui me bouche un peu la vue. Depuis le cours de maths, où j'ai cru l'entendre glousser, je lui en veux. Ma parole ! Elle s'étale, s'épanouit, se hausse du col… À croire qu'elle est déjà soliste… ou qu'elle mime la grenouille qui veut se faire aussi grosse que le bœuf ! Je manque d'éclater de rire. C'est vrai qu'elle a tout du batracien, cette pauvre Justine, avec sa figure plate et sa bouche immense, surtout quand elle descend en grand plié à la seconde !

Et la voix d'Esméralda me cueille de plein fouet :

– Un peu de concentration, Carlotta ! Si, au lieu de bayer aux corneilles, tu pensais au mouvement que tu es en train de faire, ça t'éviterait de fermer les genoux dans ton plié !

J'ai bien envie de protester… mais ce serait inutile ! Esméralda a toujours raison.

– Rien n'est machinal dans la danse, ajoute-t-elle. Tout est pensé, éprouvé, ressenti. VOULU. Tâche de t'en souvenir, Carlotta…

Balayant la classe d'un regard d'aigle, elle précise :

– Cette remarque vaut pour tout le monde.

Ouf ! Je respire. Seule dans l'œil du cyclone, je commençais à me sentir vraiment mal à l'aise. Allez ! je ne suis pas si nulle que ça. Mais c'est vrai que, parfois, j'ai du mal à me concentrer. Mes idées sont comme des papillons multicolores qui s'envolent dans tous les sens. Malgré moi, je les suis, je cours derrière avec mon filet à moi, l'imagination ! J'ai une telle envie de les capturer… ! J'en oublie l'instant présent.

Mais ça va changer ! Je le jure (à moi-même). Et je m'applique. Développé en première… passé arabesque… promenade… fouetté… pas de bourrée. Pour grappiller un peu de courage supplémentaire, j'imagine que Maman est ici, dans un coin du studio. Attentive, elle observe chacun de mes gestes. Comme à l'époque où, à sept ou huit ans, j'allais à l'école de danse du quartier. Elle ne ratait pas une leçon. À la sortie, elle me grondait – un peu – ou me félicitait. Pour avoir un compliment de ma mère, j'aurais fait n'importe quoi ! Et, maintenant, je danse, danse,

danse… pour être, un jour, célèbre, admirée, et tourbillonner dans la lumière… Je veux que Maman puisse dire, à droite et à gauche :
« Ma fille est étoile de l'Opéra… vous savez ? »
C'est la seule chose qui pourra la consoler d'être veuve. Un mot affreux, je trouve. Et tout bas, à mon oreille, je crois l'entendre chuchoter : « Bravo, Carlotta ! » Un petit frisson me court sur la peau. J'oublie le studio. Je danse pour ma mère, comme si j'étais sur la scène de l'Opéra et, elle, au premier rang. Quand la musique s'arrête :
– Bravo, Carlotta ! s'écrie Esméralda. Tu vois ? Quand tu veux…
Comment ? Mais… je veux toujours, moi ! Ça ne se voit pas ? Elle est vachement injuste. Je lui fais un sourire tremblant. Une main sur les reins, elle grimace :
– Allez ! on reprend.
Et on recommence !

Chapitre 3

LA CHAMBRE DES FILLES

Le soir, après l'étude et le dîner, quand le rythme se relâche un peu, j'ai souvent un coup de cafard et, avant de monter me coucher, je téléphone à la maison. D'habitude, Maman décroche tout de suite. Elle sort rarement à cette heure-là. L'idée de rater mon coup de fil l'insupporte, je le sais. Mais, ce soir, les sonneries s'égrènent… pour des prunes ! Seul le répondeur se

déclenche : « *Vous êtes bien chez Bénédicte Gravier…* »
Je pourrais raccrocher. Non, j'écoute la suite. Il y a sûrement une surprise pour moi. En effet : la voix de ma mère annonce aussitôt : « *Le message suivant concerne Carlotta.* »
Une idée à elle, ces petits mots laissés sur la bande en son absence. Comme ça, il n'y a pas de blanc entre nous. On n'est jamais vraiment séparées. Et, même si n'importe qui peut l'entendre en téléphonant chez nous, il est tout de même rien qu'à moi, ce message ! « *Ne m'en veux pas, petit rat, de ne pas être là… Suzanne avait le cafard… je l'accompagne au cinéma. Appelle-moi demain… Je t'embrasse très très très fort.* »
Un petit bruit de baiser, un bref silence, et le bip : à moi de parler ! Je murmure : « C'est ta Gravier… » (On appelle toujours les danseuses par leur nom de famille.) « Rien de nouveau ici, sauf qu'Esméralda m'a fait un "presque" compliment. Je te dirai. Bon… ben… Gros bisous. Salut. »
Je raccroche. Malgré tout, je suis déçue. Et j'hésite : si j'appelais Mamita (ma grand-mère) ? Mais elle est bavarde, et devant la

cabine, une file d'attente s'allonge. Alors, je renonce.

*

Quand j'arrive, mes copines sont déjà dans la chambre. Elle est compartimentée par des cloisons à mi-hauteur qui permettent à chacune d'avoir son cocon – lit, placard, bureau – avec fenêtre. Mais, à cet instant, pelotonnées en robe de chambre sur le même lit, les deux filles regardent des photos. À la mine épanouie de Sophie, je devine qu'il s'agit de…

Non ! Je ne prononcerai pas ce prénom affreux !

– Il est mignon, apprécie Marguerite.

C'est bien LUI, donc ! En me casant comme je peux avec elles, je réclame d'un ton rogue :

– Je peux voir ?

Et j'ai droit à la physionomie en Technicolor de G… ! Il ressemble à un poupon aux joues rebondies. Beurk ! Mais je marmonne, charitable :

– Il est super.

– Je trouve aussi ! s'empresse de dire Sophie, toute rose.

Elle a l'air vraiment contente, presque bêtasse ! Est-ce qu'on prend automatiquement cette expression ahurie, quand on aime ? Ce n'est pas encourageant !
– Dis donc, Carlotta, s'écrie-t-elle, il faut que je te parle d'un truc ! Tu te souviens ? je t'avais déjà dit au self que…
J'ouvre de grands yeux :
– Ah ? c'était pour de bon ? Je croyais que tu voulais juste embêter Cyrus.
– Pourquoi ? Y a pas de raison ! proteste Marguerite.
– Non, sauf qu'il nous colle.
Elle se met à rire :
– Ce n'est pas interdit.
– Mais c'est gênant.
– Pas pour moi !
Elle fait une drôle de tête, tout à coup. On dirait presque qu'elle montre les dents. Aïe, aïe, aïe ! je vais avoir droit à un échantillon de son « caractère de chien ». Et je me dégonfle :
– Je te taquine… idiote !
– Y a intérêt.
Silence. On regarde Sophie qui remise, une à une, dans la pochette Kodak, les photos de son amoureux. À la dernière, elle donne

un furtif bécot ! Maman ! Je fais semblant de n'avoir rien vu, en m'informant :

– Alors, c'était quoi, ton truc ?

– Si tu savais ! Dans quinze jours, pour Halloween, Germain fait une boum. Une boum déguisée… et il me faut un costume GÉNIAL !

Sautant du lit, elle se met à gesticuler :

– Tu dois m'aider, Carlotta, pour mon costume. Tu as des idées super… dès que tu dessines des tutus !

– Parce que tu vas y aller en ballerine ? ironise Marguerite. Bonjour l'imagination !

– Bien sûr que non, mais je veux un truc extraordinaire…

Elle m'empoigne par le bras :

– … et je suis sûre que tu sauras l'inventer, toi !

Je ne réponds pas. Je la regarde fixement. Ma parole ! Ça me fait vachement envie, son projet ! Je vois déjà s'envoler de la mousseline corail, froufrouter du taffetas ou couler comme une eau les plis d'un velours noir…

Je m'écrie :

– T'inquiète pas, je vais trouver !

– J'en suis sûre, affirme Sophie.

En voilà une – au moins – qui croit en mon talent. Elle paraît avoir une telle confiance en moi que, déjà, je sens mon imagination se réveiller. Elle ne dort jamais que d'un œil, il est vrai ! Artiste qui sent venir l'inspiration, je demande, les sourcils froncés :

– Il se déguise en quoi, LUI ?

Le couple doit être assorti, bien sûr. C'est plus joli. Et c'est comme ça sur toutes les illustrations de notre *Histoire de la Danse.* Mais Sophie répond :

– En rappeur, je crois.

La déception ! Un peu refroidie, j'en reste coite. Et Marguerite s'esclaffe :

– Dis donc, il se casse pas…

– Ben quoi ? C'est très à la mode !

– D'accord, mais…

Pas le temps de terminer ma phrase ; on frappe à la porte. Zut ! la gouvernante, une petite dame qui nous surveille le soir :

– Pas encore couchées ? dit-elle en entrant. Il est bientôt 21 heures.

Saintes-nitouches, Marguerite et Sophie protestent en chœur :

– On est prêtes, madame !

– Et toi, Carlotta, m'apostrophe-t-elle,

qu'attends-tu pour te mettre en pyjama ?
– Rien.
La réplique a fusé. Je n'ai pas eu le temps de la retenir. Ébahie par ma propre insolence, je reste immobile, le regard planté dans celui de la gouvernante. Parce qu'elle est plus petite que moi, j'ai l'impression de la toiser. Les deux autres gloussent derrière leur main, mais, dressée sur ses ergots, la petite dame n'a pas envie de rire.
– Très drôle, grince-t-elle. Si drôle qu'on en reparlera.
Elle sort. Je ne me sens pas très bien, tout à coup. Dans notre école, l'impertinence est mal vue. Mais, là, ça n'en était pas ! Juste une réaction. Je suis vive. Une qualité, je trouve. Cette vieille punaise ne va pas en faire un défaut, non ?
– Tu n'as vraiment pas de chance, dit Marguerite, en se glissant dans son lit. Après Coppélius, celle-là !
Sophie renchérit :
– D'ici que tu sois mal vue…
Je hausse les épaules :
– Pensez-vous ! Ce qui compte, c'est la danse, ici.
Mais, soudain, j'ai presque mal au cœur. À

cause d'un souvenir : en cinquième division, j'ai frôlé l'exclusion parce que j'étais « dissipée », paraît-il. Je ne m'en étais même pas rendu compte. Je riais et bavardais en classe. Voilà tout.
Quand l'avertissement m'est tombé sur la tête, je n'en suis pas revenue. À la maison, c'était le drame. Après m'avoir flanqué une claque, Maman pleurait. Entre ses larmes, elle parlait d'échec, de déception, de vie ratée. C'était la première fois que je la voyais dans cet état. J'ai pensé : « Comme à la mort de Papa, sûrement. »
Honteuse de ma nullité, j'ai promis, juré, j'ai sangloté que je deviendrais parfaite. Et j'ai essayé… jusqu'à maintenant !
Glacée jusqu'aux os, je me déshabille en cinq sec. Je me couche.
– Allez, t'inquiète pas, murmure Sophie.
Marguerite ajoute :
– Bonne nuit.
Je ne réponds pas. Je me recroqueville dans mon nid. Sur la cloison en L, il y a mes photos fétiches. Gênée, j'évite de regarder celle de Maman. Je me concentre sur les images des danseuses célèbres, punaisées sur le bois. J'en ai une dédicacée de

Monique Loudières, une grande artiste, la ballerine préférée de ma mère ; la mienne aussi. Est-ce que je danserai aussi bien qu'elle, un jour ? Question sans réponse immédiate ! Alors, mon regard croise celui de l'autre Carlotta – la Grisi. Ici aussi, elle a la place d'honneur, et je lui adresse une prière muette. Du haut du paradis des artistes, elle pourrait faire quelque chose pour moi…
Quelque part, dans une église de Nanterre ou d'ailleurs, une cloche sonne neuf coups lointains, ténus… rassurants, au fond. Tout s'éteint.
Il faut dormir.
Même si une larme coule (l'idiote) le long de ma joue.

Chapitre 4

UN CERTAIN VENDREDI

J'en ai gros sur le cœur. « Convoquée » chez Mme Lorca, la directrice de l'enseignement général. Pour le moment, j'attends à sa porte. Je n'ose même pas m'asseoir sur un des sièges du couloir, des fauteuils de théâtre qui viennent de l'Opéra. Je pense à Maman. Si elle savait… Et mon cœur pèse encore plus lourd.
Le battant s'entrebâille.

– Entrez, Carlotta Gravier.

*

– Il y a du relâchement dans votre travail, dit Mme la Directrice.
Je baisse la tête. Elle interroge :
– Vous n'aimez pas les maths ?
Je me tais : qui ne dit mot consent.
– Malheureusement, cette discipline fait partie du programme. Il faut vous y faire.
Je relève brusquement le nez :
– C'est vrai qu'on a vachement besoin de connaître le carré de l'hypoténuse pour danser un jour « Giselle » !
– Vous n'en êtes pas encore là, que je sache, riposte-t-elle, même si vous vous appelez Carlotta !
Je réplique avec panache :
– Ça viendra.
– Je vous le souhaite, ma petite. De tout cœur. En attendant, tâchez d'être moins tête en l'air… et à la danse aussi.
« À la danse aussi… » Qu'est-ce que ça veut dire ? Que lui a-t-on raconté ? Je la regarde avec de grands yeux en balbutiant :
– Madame, à la danse, je fais… tout mon possible.

Elle me jauge, pensive :
– Alors essayez… l'impossible, soupire-t-elle.
Comme je reste muette de stupeur, elle me sourit :
– C'est juste un conseil.
Ouf ! je respire. Qu'est-ce qu'elle m'a fait peur ! Pendant un quart de seconde, j'ai cru qu'on lui avait raconté ceci ou cela sur moi. Je ne sais pas quoi. Des vacheries. Je lui fais un sourire incertain. Elle prend dans son tiroir entrouvert une feuille de papier, me la tend. Écarlate, je reconnais « mon » tutu.
– Je vous le rends, dit-elle. Votre dessin n'est pas mal du tout.
– Merci, madame.
– Cette fois-ci, je n'avertirai pas votre maman, mais s'il y a récidive…
Ses points de suspension débouchent sur une menace très claire. Tu dois rentrer dans le rang, Carlotta Gravier ! Travailler et te taire.
– Allez, petite, sourit-elle, on s'est tout dit.
Je lui fais une petite révérence et je sors. Démoralisée. Tout ça, je serai obligée de le cacher à ma mère, et je vais en avoir le

cœur encombré, je le sais. Oh ! j'en ai marre !
Vivement vendredi !

*

VENDREDI 17 heures !
Quelle volée de moineaux ! Écrasés par nos sacs à dos, encombrés par nos cartables, on dévale l'escalier en direction de la sortie. On s'enfuit de notre belle école comme d'une cage ouverte. Abandonnée jusqu'à dimanche soir, elle va se sentir drôle, je parie ! Elle est trop neuve pour que des fantômes s'y promènent comme à l'Opéra, mais… sait-on jamais ? Dès qu'on est partis, ils se glissent peut-être dans les studios, se mettent à la barre et dansotent sur la musique d'un pianiste invisible…
Et ils s'évaporent tous, d'un coup, les fantômes ! Là, dehors, il y a :
– Maman !
Comme chaque vendredi, elle m'attend. Dans son manteau noir. Un béret rose enfoncé sur ses cheveux blonds. Parmi les autres mères, je ne vois qu'elle. D'abord, parce que c'est la plus jolie. Ensuite, parce que… c'est elle ! Voilà tout.

– Carlotta !
Un peu de buée s'échappe de sa bouche rouge. Elle est toujours bien maquillée, quand elle vient me chercher. J'y tiens. On s'embrasse. Et son parfum m'enveloppe comme un baiser de plus.
Mme Guirec, la maman de Sophie, s'approche :
– J'ai la voiture. Je peux vous ramener ? J'emmène déjà Marguerite…
Ma mère décline l'invitation. Après ces cinq jours de séparation, on a très envie d'être seules. Toutes les deux. Sans personne. Et on s'en va.
– Alors, cette semaine… ? interroge-t-elle en s'emparant de mon cartable.
Je réponds avec un enthousiasme exagéré :
– SUPER.
Tandis qu'on se dirige vers la gare du RER, au-delà de l'esplanade, je me retourne une seconde : dans notre dos, mon école ressemble à une forteresse blanche dont les vitres scintillent à la pâle lumière d'hiver. C'est très beau. Mystérieux. Un peu inquiétant aussi, je ne sais pas pourquoi. J'agrippe Maman par le bras et je marche en la tenant serrée, comme si je m'excusais

tout bas de lui cacher mes tracas. Volubile, je raconte le costume à inventer pour Sophie. Elle me demande des explications. Je lui en donne. Je parle même de Germain-le-Joufflu, c'est dire où j'en suis ! Maman fait la moue :

– Alors, comme ça, cette petite a un amoureux ? Elle n'est pas en retard !

Et, déconcertée – je ne m'attendais pas à une critique –, je reste muette. Sophie a quatorze ans… et demi : elle n'est pas en avance non plus !

– Et Marguerite ? reprend Maman. Elle a aussi un… ?

Je murmure, réticente :

– Pas que je sache.

À cet instant, une voix caverneuse retentit tout près :

– Bon week-end, Carlotta !

Cyrus ! il nous dépasse en courant, se précipite vers l'entrée de la station, s'élance dans l'escalier roulant noir de monde… Ouf ! il a disparu.

– Qu'il a changé, celui-là…, remarque Maman.

Je rougis. Sans raison. Et je regarde droit devant moi. Fixement. À croire que je suis hypnotisée par le panneau bleu et blanc indiquant : RER. Elle se penche vers mon oreille :

– Tu me le dirais, si tu avais un… flirt ?

Je reste saisie. FLIRT. D'où sort-elle ce terme ridicule ? Ma parole ! Alors, les autres ont un « amoureux » et, moi, je n'aurais droit qu'à un « flirt… », le cas échéant ? Ça m'agace, tout à coup ! Je proteste :

– Qu'est-ce que je m'en fiche, de tout ça !

Brusquement, je la regarde dans le blanc des yeux :

– Je n'aime que la danse, tu le sais !

Elle me sourit, soulagée. J'insiste :

– La danse.

Et, soudain, même si c'est vrai, j'ai l'impression d'être un perroquet qui radote. Depuis le temps que je répète ça ! La danse, la danse, la danse…

On entre dans la station.

*

L'affluence du vendredi soir. Sur le quai, on se bouscule. Çà et là, dans la foule, je reconnais les « rats » de l'École. On se fait des petits sourires, de loin, ou bien on s'ignore : question d'affinités ! Moi, en apercevant le profil camard et le chignon maigrelet de Justine, je tourne la tête de l'autre côté. Je lui en veux. De tout. De rien. Peut-être d'être « mieux » que moi ; en tout cas, aux yeux des profs.

Je pense : « Espèce de grenouille ! »

Et la rame entre en gare. C'est la ruée. Maman et moi, on est emportées comme des ballots parmi les voyageurs. On se faufile, on pousse, on se case tant bien que mal parmi tous ces inconnus fatigués, dans une « odeur d'humanité », comme dit Mamita. Un jour, au cours de mime, en pensant au RER à l'heure de pointe, j'ai fait la sardine dans sa boîte, toute gênée par les autres, toute serrée ! Comme en ce moment. Et c'est la tuile ! Justine ! La marée l'a jetée contre moi. Quelle malchance ! Tant pis. Plus grande qu'elle, je fais semblant de ne pas la voir, en regardant par-dessus sa tête vers l'horizon, ou ce qu'on voudra. Et je bute sur les yeux bleus d'un garçon blond, tourné de mon côté. Il me fixe même carrément. Il me sourit… l'idiot !

Je serre les mâchoires. Il ne s'imagine pas que je vais lui faire risette… non ? Quelle situation ! Si je me retourne, je vais me retrouver nez à nez avec Justine, et en ne bougeant pas, je suis coincée par la curiosité (déplacée) de cet inconnu. Que faire ? Tant pis ! je choisis cette dernière solution. Mais que c'est désagréable ! Il m'observe comme si j'étais une poupée dans une vitrine. Moi, l'air indifférent, je contemple le paysage : des murs noirs, parcourus de tuyaux et de câbles, qui défilent à fond de train. Plutôt monotone, comme décor de théâtre ! Je m'en lasse vite. Détournant les yeux, je (re)croise malgré moi le regard de mon « admirateur ». Il me sourit. Encore. C'est maladif, ou quoi ? Je fronce les sourcils, en le toisant avec sévérité. Il perd le sourire et il fait pareil. Du coup, sans le vouloir, on joue à qui baissera les yeux le premier. PAS MOI ! Mais que le trajet me paraît long ! Éternel. J'ai trop chaud, la gorge sèche, l'impression qu'on n'arrivera jamais à la Grande Arche, le premier arrêt après Nanterre-Préfecture. Je me répète : « Pourvu qu'il descende là, là, là… »

Et la rame commence à freiner. Le garçon se retourne vers la portière. GAGNÉ ! IL DESCEND LÀ !

Contente de moi, je daigne lui accorder un coup d'œil, tandis qu'il s'éloigne dans la foule. Il porte un carton à dessin sous le bras. Le néon fait briller ses cheveux blonds…

Je me dis : « C'est drôle… il me rappelle quelqu'un… » Mais qui ?

– Tu viens t'asseoir, Carlotta ? s'écrie Maman en faisant basculer un strapontin, à côté du sien.

C'est vrai ! Le wagon s'est vidé. Avec « tout ça », je ne m'en étais pas rendu compte. Même Justine s'est évaporée. Bon débarras ! Je rejoins ma mère. Et, d'un geste que je ne peux retenir, je pose la tête sur son épaule.

– Tu es fatiguée, ma pauvre chérie ?

Je ne réponds pas. Je ferme les paupières. Fatiguée, moi ? Non, je ne suis pas fatiguée. Alors… qu'est-ce que j'ai, tout à coup ?

Je ne sais pas.

Chapitre 5

UNE SORCIÈRE ET DES YEUX BLEUS

Le samedi matin, je fais toujours la grasse matinée. Pour compenser les terribles levers de l'École à 7 heures pile ! Mais, aujourd'hui, je me suis réveillée plus tôt que d'habitude. À l'abri des rideaux tirés, ma chambre est encore pleine d'ombre. Je me blottis dans la tiédeur de la couette. Pas un bruit : ma fenêtre donne sur la cour. J'entends juste roucouler un pigeon matinal. Tout est si tranquille que je devrais réussir

à me rendormir… Mais plein de soucis se mettent à me trotter en tête ; le costume de Sophie… révéler (ou pas) à Maman mon entrevue avec la directrice et puis…
Le garçon aux yeux bleus.
C'est bête, mais depuis hier soir, je pense à lui. Enfin… je pense à lui… façon de parler ! Je me demande à qui il ressemble ou qui il me rappelle. Voilà tout. Et comme je ne le saurai jamais… C'est inutile et bête ! Mieux que ça : C'EST COMPLÈTEMENT IDIOT. Je ne le reverrai pas, ce garçon, alors pourquoi me casser la tête ?
Toc-toc.
Le battant s'entrouvre. Un chuchotis :
– Carlotta… ?
Je bâille :
– Wouah-ah…
– Quel barrissement d'éléphant ! s'écrie Maman. Il est peu digne d'une future étoile.
Je rigole :
– Peut-être que je ne le serai jamais, tu sais ?
En allumant la lumière, elle me décoche un regard noir :
– Arrête ! ne plaisante pas avec ça… et touche du bois !

Elle vient jusqu'à mon lit, à pas lents, en portant avec précaution le plateau de mon petit déjeuner. Encore une tradition du week-end. Elle me chouchoute vraiment, je ne peux pas me plaindre. Thé odorant, miel, corn flakes et jus d'orange pour la forme, croissant (un seul à cause des kilos) pour le plaisir, et mon bol préféré où est écrit « Carlotta »... il ne manque rien !
Je m'adosse à mon oreiller :
– Comment savais-tu que j'étais réveillée ?
– L'instinct d'une mère...
Son emphase me fait rire. Elle est rigolote, Maman ! Une fois le plateau sur mes genoux, on s'embrasse très fort.
– Alors, me demande-t-elle en s'asseyant au pied du lit, qu'as-tu appris au cours de variation, cette semaine ?
Tenant mon bol à deux mains, je bois une gorgée de thé bien chaud avant de répondre :
– On a commencé à travailler le premier acte de *Giselle*, tu sais, quand elle sort de la chaumière et qu'elle danse... ta-tata-tata-tata... tatatata... en rêvant à Loys...
– ... qui s'appelle en fait Albrecht, précise-t-elle, et qui lui a caché qu'il était prince

pour mieux lui plaire. Quelle belle histoire !
Je hoche la tête et, mordant dans le croissant, je bougonne :
– Tu sais, je la connais par cœur.
– Je m'en doute… mais il y a des contes si beaux qu'on peut les raconter, les écouter mille fois, ou les voir danser, sans être blasé.
Je continue à mastiquer mon croissant. À cette minute, je me fiche de Giselle. Je n'ai aucune envie d'en parler. Je me dis : « Au fait, le garçon aux yeux bleus, pourquoi me regardait-il comme ça ? » Me trouvait-il jolie ? ou me fixait-il seulement parce que j'étais dans son champ de vision… ? Ça pourrait être le cas ! Et ce serait vexant. Mais cette éventualité ne tient pas debout : il a voulu me faire baisser les yeux. Ça prouve que… Je plonge le nez dans mon bol. Ça prouve… quoi ? Je délire complètement, moi !
– Tu ne trouves pas ? interroge Maman.
Je reste saisie. Elle me parlait et je n'ai rien entendu. Bravo, Carlotta ! Je marmonne à tout hasard :
– Oui-oui.
– Comment « oui-oui » ? Je te dis que tu as

une chance immense de danser, et tu me réponds du bout des lèvres ?

Je me rattrape aux branches :

– Je suis habituée, tu comprends ?

– On ne s'habitue jamais à la danse, riposte-t-elle. ON NE DOIT PAS S'HABITUER.

Je grogne :

– Qu'est-ce que tu en sais ? Tu n'as jamais dansé, toi !

Maman tressaille :

– Hélas ! Et c'est mon grand regret.

Elle paraît si meurtrie que je bredouille aussitôt :

– Je suis au courant…

Petite, elle rêvait d'être ballerine, elle me l'a raconté cent fois, mais on ne lui a jamais offert de cours de danse. La pauvre ! Elle restait des heures devant les vitrines des magasins spécialisés à admirer chaussons, tuniques et autres tutus. Alors, quand elle a eu une petite fille…

Je lui tends la main :

– Excuse-moi… mais, au fond, quand je suis au repos, je voudrais un peu… oh ! juste un peu… m'intéresser à autre chose.

Je n'ai jamais dit ça à ma mère. Je n'ai

même jamais osé le penser. Et, là, c'est sorti. Tant pis. Ou tant mieux. Je n'ai rien dit d'extraordinaire, après tout, ou d'inconvenant ! Je suis comme tout le monde : j'ai besoin de récréation. C'est normal !

Mais elle paraît si désemparée que je prétexte :

– En fait, je me creuse la tête pour le costume de Sophie…

– … qui n'est pas d'une importance capitale, pourtant.

– Pour elle, si !

Elle hausse un sourcil :

– C'est gentil de dépanner une amie, mais as-tu VRAIMENT du temps à perdre avec ça, Carlotta ?

Je me mords les lèvres. Sur le coup, je ne sais pas quoi répondre. Et, brusquement, je me souviens d'une réflexion du prof de français ; je la récite précipitamment :

– Le temps passé à faire travailler son imagination est toujours profitable.

– Si tu le dis ! raille ma mère.

Elle se lève :

– Allez ! je te laisse. J'ai du boulot dans la maison.

Elle a son air fermé. C'est bête : ça me fait

presque peur. Comme si elle ne m'aimait plus. Je chuchote :
– Tu n'es pas fâchée, hein ?
Elle me sourit :
– Non, mon petit rat.
Ça va mieux ! Je m'écrie :
– Dis, tu me prêtes ton beau livre sur le Ballet de l'Opéra, pour que je cherche des idées ?
Elle accepte et s'en va.
Moi, repoussant le plateau, je saute du lit. Quelques demi-pliés sur le tapis, mon habitude pour réveiller les muscles, et je cours à la salle de bains. La tête en bas, je me brosse les cheveux dans tous les sens pour les « faire respirer » – un truc de Mamita – après le chignon serré de la semaine.
Quand je reviens dans ma chambre, le livre est posé sur mon lit. Je crie à tue-tête :
– Maman, je t'adore !
Et, à cet instant, je croise un regard bleu, posé sur moi. J'en ai un coup au cœur. Papa… la photo de Papa. Je m'en approche, la respiration bloquée. Je regarde le visage de mon père, tout près. Son regard rieur, ses cheveux dans le vent, sa bouche souriante…

Maintenant, je sais à qui ressemble le garçon du RER.

*

Je dessine, griffonne, gribouille, rature, efface…
J'ai le feu aux joues (l'inspiration), les feuilles de papier voltigent autour de moi, mes doigts sont tachés de peinture. Ça y est ! J'ai trouvé le costume de Sophie, et je me démène pour attraper mes idées et les immobiliser sur le papier. C'est vachement amusant ! Quoique… il y en ait une autre dans un coin de ma tête… comme un petit insecte très insistant, que je n'arrive pas à déloger.
Le garçon aux yeux bleus.
Parce qu'il ressemble un peu à mon père, j'ai l'impression qu'il est entré chez moi, qu'il y traîne ou se pavane. Ça m'agace !
– Alors, Carlotta, que prépares-tu de beau ? demande Maman.
– Une sorcière. J'en ai vu des géniales dans ton livre – il y a celle de *la Belle au bois dormant,* et pour Halloween…
– Ce n'est pas très original.
Une critique ? Je riposte :

– Rien ne l'est ! Tout est dans la façon d'exécuter. Et elle va être super, ma sorcière !

Ma mère se met à rire :

– Inutile de prendre le mors aux dents. Surtout pour quelque chose d'aussi dérisoire qu'un déguisement ! S'il s'agissait de ta façon de danser, encore, je comprendrais que tu te vexes, mais là… !

Un strident coup de sonnette lui coupe la parole. Je bondis sur les pieds :

– Mamita !

Ma grand-mère vient déjeuner aujourd'hui. Elle s'est invitée il y a une demi-heure. Elle est comme ça ! Pas le genre à prendre des rendez-vous quinze jours à l'avance. Elle débarque lorsque l'envie lui en prend. C'est sympa, je trouve. Mais ça agace un peu Maman – qui ne le montre pas : Mamita est la mère de Papa.

En trois enjambées, je suis à la porte, j'ouvre.

– CARLOTTA, ma beauté !

– MAMITA !

On se saute au cou. Dans mon élan, je bouscule à moitié sa toque de renard synthétique.

Ma grand-mère porte toujours d'invraisemblables galurins, comme dit Maman. Et des habits à l'avenant. Aujourd'hui, sanglée dans une capote militaire et chaussée de bottes rouges, on dirait qu'elle va de ce pas faire de la figuration dans une opérette, genre *les Bateliers de la Volga-a-a-a.*
Je lui dis :
– Ça te va bien, ce chapeau.
– Oui, c'est mon avis, me répond-elle avec conviction.
Et, après les baisers d'usage, Maman l'aide à ôter son manteau. En dessous, Mamita porte une robe chamarrée vert et rouge, étranglée à la taille (elle est maigre comme un clou) qui rendrait jaloux un cacatoès ! Ma grand-mère coud tous ses vêtements elle-même. Association d'idées ; je m'exclame :
– Tu pourras m'aider ? Je suis en train d'inventer un déguisement de sorcière pour Sophie !
– Bien sûr. Je raffole des sorcières.
– Je l'aurais parié…, dit Maman.
Et on passe au salon. De son grand cabas, Mamita sort le paquet d'un traiteur :
– Du foie gras, annonce-t-elle. Et pour boire avec…

Hop ! apparaît une bouteille de champagne. Maman lève les yeux au ciel :
– Voyons, Mamita, vous n'êtes pas raisonnable.
– Non, ce n'est plus de mon âge.
J'éclate de rire. Oh ! que j'aime les visites de Mamita ! Je pense que Papa devait être gai comme elle, toujours prêt à faire la fête ! Je me précipite dans ma chambre, en lançant à pleine voix :
– Je vais te montrer mes dessins !
Lorsque je reviens en courant, avec une brassée de mes œuvres, Mamita est en train de déboucher la bouteille. Pof ! le bouchon s'envole au plafond, le champagne jaillit en écume blanche autour du goulot de la bouteille. Maman tend précipitamment un verre.
– Vite, vite, Carlotta ! s'écrie ma grand-mère, ramasse un peu de vin tombé, frotte-toi derrière les oreilles, ça porte bonheur, et fais un vœu secret, tiens, pendant que tu y es !
Un vœu secret ? Comme si j'avais des vœux secrets ! J'ai un unique souhait… que tout le monde connaît ! Un secret de Polichinelle, quoi ! Alors, tout à coup, j'ai envie d'en avoir un. Bien à moi.

En fermant à demi les yeux, j'humecte mes doigts de champagne, je me tapote le cou et je pense : « Revoir le garçon aux yeux bleus... »

Chapitre 6

IL S'APPELLE…

Super samedi après-midi !
Mamita m'a emmenée au marché Saint-Pierre, au pied de Montmartre, pour acheter l'étoffe du costume de Sophie, et on a fureté parmi des tas de tissus extraordinaires !
J'adore farfouiller dans les soies naturelles (ou artificielles), les organdis aussi légers que de la barbe à papa, les cotons bariolés ! Mais on a fini par acheter quelques cou-

pons pas chers – rouge éclatant, jaune canari, vert pomme ou bleu roi –, une armature d'abat-jour pour faire un chapeau incroyable, plein de bobines multicolores, et même un sac de plumes !
Maintenant, à l'angle de la rue, on déguste en plein vent une crêpe brûlante. Je lèche mes lèvres saupoudrées de sucre :
– Qu'est-ce que je vais m'amuser avec tout ça, Mamita !
Elle me sourit :
– Tu aimes les chiffons, on dirait ?
– Oh ! j'aime plein de trucs...
Je hausse les épaules :
– ... mais je n'ai le temps de rien ! Parce que je dois danser, danser, danser...
Son renard acrylique au ras des sourcils, Mamita me jette un regard acéré :
– Est-ce que cela t'ennuie de rater tous ces « trucs » ?
J'ai un petit rire :
– En fait, je ne me suis jamais posé la question !
Elle me caresse la joue :
– Tu devrais commencer à te la poser, tu sais ?
Je réponds brusquement :

– Ça ne changera rien. Je dois danser. Point barre. Je l'ai promis à Maman. Et puis…

Un je-ne-sais-quoi me pince la poitrine ; tout à coup, je chevrote :

– … et puis… là où il est… je veux que Papa soit fier de moi !

Énorme silence. On dirait qu'un couvercle s'est rabattu sur nous deux. Je n'entends plus le bruit de la rue. Je n'ose plus regarder Mamita en face. Entendre parler de son fils, ça doit lui faire de la peine. Quelle gaffeuse je suis ! Même s'il est mort depuis longtemps, JE SAIS qu'elle pense tous les jours à lui, comme si c'était arrivé il y a cinq minutes. Les chapeaux dingues, les jupes de tzigane et le coup du champagne, c'est pour être moins triste… j'ai tout compris, moi !

Voilà que je renifle ! Ma bouche tremblote. Je ravale ma salive à toute vitesse, je re-renifle. Un, deux, trois : je lève les yeux sur Mamita. J'essaie de sourire. Et soudain, sans savoir comment, on est dans les bras l'une de l'autre. On pleure, là, au coin de la rue. Toutes les deux. Serrée contre moi, que ma grand-mère me paraît fragile, soudain !

Un oiseau. Son horrible toque me gratte la joue, mais c'est très doux. Et d'une voix changée, basse, presque éraillée, elle me dit :
– Ton père est fier de toi. Tu peux en être sûre. Que tu danses… ou pas.
Elle renifle un bon coup. Encore pire que moi. Ça me fait rire ! Elle aussi, même si une grosse larme creuse un sillon dans son rose à joues ! Et on repart. Main dans la main.

*

– Avec cette histoire de déguisement, soupire Maman, tu n'as pas travaillé « ta » barre de tout le week-end…
Déjà dimanche après-midi ! Je rentre tout à l'heure à l'École. Que la vie passe vite ! Ignorant la remarque de ma mère – en train de faire mon sac, selon le rite –, je plie avec soin toutes les parties du costume de Sophie. Mamita et moi avons bien travaillé. Il est presque fini. Plus que quelques points à mettre. Je les ferai là-bas. Je trouverai bien le temps !
– Tu m'écoutes, Carlotta ?
– Évidemment.

– Quelquefois, je me demande si tu n'es pas un peu dispersée, en effet…
Oh non ! pas elle ! Maman ne va pas s'y mettre aussi ! Je proteste :
– Dispersée, moi ? Avec les efforts que je fais tout au long de la semaine ! Tu ne te rends pas compte.
– Si. Très bien.
J'aboie :
– Non ! il faut danser pour se rendre compte. DANSER. Et toi, tu n'y connais rien !
– Carlotta…
Toute pâle, Maman me regarde avec des yeux incrédules. Jamais je ne lui parle sur ce ton. Oh ! j'ai honte. Ma gorge se noue. Lâchant le bout de tissu rouge prêt à être enfourné dans mon sac, je fais un pas vers elle et…
Driiing ! Le téléphone.
Ma mère me tourne le dos et va répondre dans l'entrée. Trente secondes plus tard, à la cantonade :
– C'est Sophie, dit-elle, Mme Guirec se propose de te prendre en voiture à l'Étoile et de t'emmener à l'École. Tu es d'accord ?
Un autre jour, oui, je le serais ! Échapper

pour une fois à la cavalcade dans le RER, c'est sympa ! Mais là... je n'ai pas envie... ! Je rejoins Maman en lui faisant non de l'index. Elle transmet le message. Et raccroche. Son regard est glacial :

– Pourquoi n'as-tu pas accepté ? Cela t'aurait évité un de ces efforts qui te coûtent tant !

Et vlan ! Prends ça en pleine figure, Carlotta. Que Maman est dure, quelquefois. Pourtant, je lui tends les bras et, en me nichant contre elle, je murmure :

– C'est mieux qu'on reste ensemble jusqu'au RER, comme d'habitude.

Elle s'adoucit :

– Mon petit rat d'amour...

Et moi, je ferme les yeux. Parce que je me dégoûte. Je suis une hypocrite. Ce n'est pas pour Maman que je me passe d'un trajet confortable en voiture. Non.

Le garçon aux yeux bleus...

Si je le revoyais... par hasard ? On ne sait jamais.

*

Pas de Marguerite sur le quai. Les Guirec ont dû l'emmener aussi. Ma mère paraît contrariée :

– Si j'avais su… Quand je pense que tu vas faire le trajet seule !
– À quatorze ans, ce n'est pas un exploit.
Elle soupire :
– C'est vrai.
– Et je te téléphonerai dès mon arrivée.
– S'il te plaît. Ça me rassurera.
Je me mets à rire :
– T'inquiète ! L'ogre ne m'attrapera pas !
Maman a un sourire mélancolique :
– Je te parais ridicule, mais quand tu auras une fille, tu comprendras !
– Et si je n'ai que des garçons ?
– Ne joue pas sur les mots.
Je m'écrie :
– Il faut bien rigoler un peu !
En fait, je suis comme une pile électrique. Prête à parler à tort et à travers, à dire n'importe quoi !
Le garçon aux yeux bleus…
J'ai un de ces tracs ! Si je le vois, qu'est-ce que je vais faire ? Lui adresser la parole ? NON ! Je n'irai pas jusque-là ! J'aurais l'air de quoi ? Et puis, il m'a peut-être oubliée, depuis vendredi. Normal. Des milliers de gens se croisent tous les jours dans le RER. Et ne se revoient jamais. Il n'y a pas de

raison qu'il soit différent, le garçon aux yeux bleus. Je ne suis pas inoubliable. Personne ne l'est. Lui non plus, d'ailleurs ! En fait, je m'en fiche royalement.
Il ne m'intéresse pas. Ni plus ni moins que Cyrus, ou les autres. Je veux juste vérifier s'il ressemble – ou pas – à mon père. C'est important pour moi. Même si je ne sais pas très bien pourquoi. Et une fois la vérification effectuée, salut !
– Le voilà, dit Maman.
Je sursaute :
– Qui ?
– Le RER, bien sûr. Où as-tu la tête, Carlotta ?
Pour cacher ma gêne, je me jette au cou de ma mère. Bisous. Je saute dans la rame. Elle me tend le pochon au costume ; avec mon sac à dos et mon cartable, j'ai tout de la mule ! J'ai à peine le temps de préciser :
– Mamita t'apportera le chapeau de sorcière…
Et la portière me claque au nez.

*

Arrêt Grande Arche de la Défense.
Mon cœur rate un battement.

C'est la station où il est descendu, vendredi. Et où – déduction logique – il risque donc de monter ! Mais je hausse les épaules : idiote que je suis ! J'ai autant de chances de voir le garçon aux yeux bleus apparaître dans mon wagon que de « retrouver un poisson rouge perdu en pleine mer ». Petite, j'ai lu cette expression dans un roman policier pour enfants. Elle m'a parue géniale. Et il faut reconnaître qu'à la minute, elle s'adapte EXACTEMENT à ma situation…

Pauvre Carlotta qui part à la pêche aux illusions !

La rame repart. Sans LUI (bien sûr). Je me sens cloche.

Nanterre-Préfecture.

Je suis arrivée. Sac au dos, cartable à la main gauche, pochon sous le bras droit, je slalome fébrilement dans la cohue habituelle en direction de la sortie.

Tout à coup, j'ai peur d'être en retard. L'inquiétude écrase son poing sur ma poitrine. Je m'en veux. Avec les Guirec, je serais déjà arrivée à l'École. Mais non ! il a fallu que je coure, une fois de plus, aux trousses de mon imagination galopante… !

Au fond, j'ai tendance à croire que la vie est un ballet merveilleux où tout peut arriver. Surtout l'impossible. Ça doit être de la déformation professionnelle.
Le portillon, dernier obstacle à franchir. Après, c'est l'escalier roulant et, dehors, le sprint jusqu'à l'École. Mais… zut ! qu'est-ce que j'ai fait de mon ticket ? Pour sortir, je dois l'introduire dans la machine. Oh ! non, non, non ! ce n'est pas vrai ! Empêtrée dans mes ballots, je n'arrive pas à mettre la main dessus et…
– Aaaah !
Le pochon renfermant le costume m'échappe, s'entrouvre, tombe par terre où son contenu se déverse. Bec grand ouvert, les ciseaux tintent contre le sol, les aiguilles s'éparpillent, scintillantes, et les bobines multicolores roulent de tous les côtés. Embarrassée par mon barda, je vais à droite, à gauche, une main tendue comme si j'essayais d'attraper des poussins en fuite…
– Attends, je vais t'aider…
Le garçon aux yeux bleus ! J'en reste paralysée, la bouche ouverte, je parie. En quelques mouvements prestes, il récupère

mes affaires et me les rend. Je bredouille un petit merci.
Lui ici… Je n'en reviens pas ! Et je dis bêtement :
– Ça alors…
Il sourit :
– Tu te souviens de moi ?
Je vire à l'écarlate :
– Ben… oui.
En le regardant de plus près, je me dis qu'il a au moins quinze ans et demi. Il a l'air très à l'aise. Moins timide que moi. Peut-être a-t-il l'habitude de courir derrière les filles dans le métro… après tout ? Je lui jette un regard noir qu'il ne remarque pas. Désignant un point imprécis près du portillon :
– Je t'attendais, dit-il, depuis une bonne heure.
– Pourquoi ?
– Tu as de ces questions…
Ses yeux bleus rient, et je ne peux pas m'empêcher de sourire.
– Je pensais bien que tu venais de l'École de Danse et que tu allais y retourner.
– Pourquoi ?
Décidément, je n'ai que ce mot à la

bouche ! Va-t-il me prendre pour une gourde ? En tout cas, il répond gentiment à ma question :

– Ça se voit.

Je me rengorge un peu. Je suis fière d'être danseuse et qu'on le remarque. Mais il ajoute :

– Rien que le chignon !

Et ma vanité en prend un coup. Je retombe sur terre en disant avec brusquerie :

– À propos, il faut que j'y aille…

– Je peux t'accompagner ?

– Fais comme tu veux.

Il éclate de rire :

– Toi alors ! tu n'es pas très encourageante…

Mais lui, comme il est joyeux ! Ça m'étonne presque. Je suis habituée au sérieux, à l'École et à la maison. Peut-être parce que mon but est sérieux. Pour y parvenir, il faut tant de travail, de concentration, d'efforts… tout ça ne laisse pas beaucoup de temps pour la rigolade !

– Viens ! s'écrie-t-il, on passe avec mon ticket.

Et on se faufile ensemble dans le portillon. Après, il me débarrasse de mon cartable

– un galant homme, dirait Mamita – et on y va ! Dehors, on fait quelques pas en silence. Jusqu'à ce qu'il dise :
– Au fait… moi, c'est Jérôme… enfin… on m'appelle Jerry. Et toi ?
Je fais claquer mon nom comme des castagnettes :
– Carlot-ta !
Il me sourit. Et là, c'est vrai, je trouve qu'il ressemble à Papa, avec ses yeux pleins de gaieté et le vent qui rebrousse ses cheveux blonds.
– Dis, si on se voyait vendredi prochain, à la sortie de ton école ? demande-t-il.
Je dois avoir l'air tellement ébahie qu'il ajoute :
– Juste vingt minutes, quoi, pour discuter.
– Mais… ce n'est pas possible… Ma mère…
– Vois comment tu peux te débrouiller, tranche-t-il. Moi, je t'attendrai sur le quai à la station Grande Arche à 17 h 15. OK ? Si tu ne peux pas…
Je l'interromps d'un ton sec :
– JE NE POURRAI PAS.
Non mais ! il se prend pour qui ? Je n'ai pas l'intention de le revoir, moi ! D'ailleurs, ma

« vérification » est faite. Je suis fixée : il ressemble à Papa. Bon. Et après ?
D'un mouvement brusque, je récupère mon cartable :
– Là, vraiment, il faut que j'y aille ! Salut.
Et je pars au galop. Enfin, si on veut ! Avec mon chargement, je me traîne. Je dois être élégante, tiens ! Moi qui apprends à courir si joliment en scène. À cet instant, je dois ressembler à un baudet bringuebalant. Je préférerais lui laisser une belle image, comme celle de Giselle s'évanouissant dans la brume… Eh bien, c'est raté !
Pourtant, dans mon dos, la voix de Jerry rebondit soudain comme une balle :
– À vendredi, Carlot-ta !
Je ne me retourne pas et, même, j'accélère.
Dans le soir violet, l'École blanche et lumineuse ressemble à un palais de conte de fées… qui est aussi mon refuge, ma maison.
J'y cours !

Chapitre 7

LE JOUR « J »

Lundi.
Mardi.
Mercredi.
La semaine se traîne, ou elle défile à toute allure. Ça dépend des moments. On dirait une voiture qui fonce vitesse grand V… freine brusquement… et cale, aussi, quelquefois. Tout ça parce que je pense sans arrêt à vendredi. Et ce jour approche trop vite… ou trop lentement. À chaque minute

(ou presque) je me demande ce que je dois faire.
« À VENDREDI, CARLOT-TA ! »
La voix de Jerry me poursuit dans les couloirs, bondit avec la musique du piano, accompagne le tintement des couverts, au self, et le soir, toute douce, elle m'attend dans ma chambre…
– Qu'est-ce que t'as ? demande Sophie.
Avant qu'on n'éteigne, elle essaye pour la énième fois ses oripeaux de sorcière. À genoux devant elle, je remonte l'ourlet à grands points inégaux :
– Moi ? Rien.
– Tu me prends pour une andouille ?
Je tente de rire, et je hennis d'une façon ridicule :
– Hiiii ! qu'est-ce que tu vas chercher ?
Elle se renfrogne :
– Bon. Si tu veux rien dire…
Une seconde, j'ai envie de vider mon sac. De me confier à mon amie, quoi ! Mais quelque chose d'indéfinissable me retient in extremis. Je fais un dernier point, casse le fil avec les dents et je me relève. À cet instant, Marguerite entre dans la chambre, et, soulagée de m'être tue, je comprends

que je me méfie un peu d'elle, au fond. Je ne m'en étais pas encore rendu compte. C'est drôle…

– Pourquoi tu me regardes comme ça ? interroge-t-elle, agressive.

– Je ne te regarde pas, je pense à autre chose.

– Qu'est-ce que je disais ! triomphe Sophie.

Tout en rangeant mes affaires de couture, je pousse un soupir :

– Bon, ben d'accord. J'ai un problème.

Une lueur d'intérêt un peu louche allume le regard noir de Marguerite.

– Allez, raconte ! me supplie Sophie.

Et, avec un aplomb incroyable, je profère cet énorme mensonge :

– Je veux faire une surprise à ma mère…

– Quoi, c'est tout ? se moque Marguerite.

Je l'ignore et continue :

– C'est un cadeau que j'ai fait mettre de côté pour elle dans une boutique des Quatre-Temps, à la Défense.

– Tiens ! Tu y es allée quand, au centre commercial ?

Cette Marguerite ! Je riposte :

– J'ai téléphoné, grosse maligne, j'avais

repéré ce… truc… en vitrine… euh… un jour !
– Et tu dois le récupérer sans qu'elle le voie, c'est ça ? achève Sophie.
– C'est ça ! Mais si elle vient me chercher à la sortie, vendredi…
– … ta surprise est ratée !
Heureusement que Sophie pige vite. Ça m'évite de bafouiller. Je me sens tout étourdie, soudain. Je vais revoir Jerry. Je l'ai décidé, sans le vouloir. Et je mens pour y arriver. Je n'y comprends plus rien. Ce garçon… je le connais à peine ! Je dirais même que je m'en fiche. Enfin… presque !
– Bon, alors, comment je peux t'aider ?
J'ai les paumes pleines de sueur : le trac et tout ! J'attrape Sophie par l'épaule :
– Téléphone à ta maman, explique-lui pour mon cadeau… Il faudrait qu'elle appelle la mienne en disant que, vendredi, elle va me ramener en voiture. Du coup, Maman ne s'en fera pas, moi, je courrai au magasin, et je rentrerai chez moi en RER. Ni vu ni connu !
– Pas de problème !
Tout s'arrange ! Je balbutie :
– C'est sympa.

Je me sens rouge… mais rouge ! Mes joues brûlent.

– Remarque, dit Sophie, pendant que tu es dans la boutique, ma mère peut attendre en double file.

– Penses-tu ! Ça va la déranger… et puis, j'en profiterai pour faire un tour.

Marguerite s'écrie d'une voix pointue :

– Mlle Carlotta Gravier vit sa vie !

Je sursaute de la tête aux pieds. Elle est en train de frôler la vérité, mine de rien !

– Et c'est quoi, ton cadeau ? ajoute-t-elle.

Je lui réponds sèchement :

– Secret défense.

*

Jeudi.

Comme d'habitude, cette semaine, j'ai eu Maman au téléphone. On a parlé de tout et de rien. Mais pas de vendredi ; je n'ai pas osé. Je suis gênée. Je ne lui ai JAMAIS menti de ma vie. Ce n'est pas facile de commencer ! J'ai honte. J'ai la frousse. Je suis certaine que, rien qu'à mon allô, elle comprendra au quart de tour que je lui raconte des « carabistouilles », comme dirait Mamita.

Alors, ruse minable, à l'heure où elle est encore au bureau, vers 18 heures, je laisse un message sur le répondeur de la maison : « Coucou, c'est moi ! Mme Guirec t'a dit, pour demain ? Donc, elle me déposera. Ne te dérange surtout pas ! Je t'embrasse fort fort fort. »
Menteuse et lâche. Tout pour plaire ! On ne peut pas dire que je sois fière de moi. Et tout ça pour un « garçon aux yeux bleus » inconnu ! un dragueur, si ça se trouve.
Je suis vraiment nulle.
Démoralisée, je n'ai plus aucune envie de rencontrer Jerry. Mais il est trop tard pour reculer. Tout est organisé. Le destin m'emporte, comme il a emporté avant moi Giselle, Juliette, la princesse Aurore et les autres…
C'est drôle… Tout à coup, j'ai l'impression de devenir une héroïne de ballet. Pour de vrai. Et, en montant à la salle d'étude, je m'imagine en tutu vaporeux, en train de faire un manège de piqués pour rejoindre mon amoureux.
MON AMOUREUX ?
Je deviens folle, ou quoi ? Jerry n'en est pas un… Juste un vague copain, et encore ! Je n'ai que faire d'un amoureux, moi, Carlotta

Gravier ! À dix ans, en crachant par terre dans la salle de bains, j'ai juré devant la glace, le bras tendu : « Tant que je ne serai pas étoile de l'Opéra de Paris, je n'aimerai personne ! » Et à quatorze, je persiste et signe. Voilà.
N'empêche...
Quand je pense à demain... ça me fait bizarre ! Ça me donne envie de tourner, bondir, cabrioler. Ça me donne envie de danser !
Pas comme à la leçon, mais n'importe comment ! Juste pour m'amuser.

*

Vendredi, 17 heures.
La sortie.
Pour éviter le gros de la troupe Opéra, je file comme une flèche jusqu'à la station RER. Est-ce parce que je marche vite ? j'ai le cœur qui bat comme un tambour et les jambes en coton. Zut ! je vais arriver rouge et essoufflée à mon rendez-vous. Jerry va me trouver moche.
Je hausse les épaules. Et alors ? Tant mieux, au fond ! Ça lui ôtera tout désir de me revoir. Le problème sera liquidé. À la

trappe, Jerry… Jerry quoi, au fait ? Je devrais lui demander son nom de famille… bien que… je n'en aie rien à faire, à vrai dire ! Je me précipite vers le portillon. Je ne suis pas pressée de le voir. Non, pas du tout ! Mais j'ai hâte que cette histoire soit terminée. Dans vingt minutes, ça ira mieux ! Il a parlé de vingt minutes, l'autre jour. Je ne resterai pas une seconde de plus. Avant de déboucher sur le quai, je me force à marcher plus lentement. En fait, c'est comme si j'entrais en scène. Je respire à fond et je souris. Pourtant, soudain, je suis inquiète.

S'il ne venait pas ?

Mais non ! Il est déjà là-bas, tout au bout. Son carton à dessin sous le bras, il fait les cent pas. Il ne m'a pas vue. Je ralentis encore. J'ai oublié le manège de piqués que j'imaginais hier ; maintenant, je pense plutôt à un adage. Très doux. Très lent. La Sylphide s'approche sur la pointe des pieds ; elle effleure l'épaule du garçon :

– Salut, Jerry.

Il se retourne brusquement.

– Carlotta !

Il rougit :

– Je n'étais pas sûr que tu viendrais…

Un vrombissement : la rame de 17 h 10 entre en gare. Jerry me dit :
– Viens !
On saute dedans. Il s'explique :
– À la Grande Arche, il y a un McDo. Tu as faim ?
– Je sais pas.
Les gens nous bousculent, à cause du carton à dessin plutôt gênant, nous écartent, nous refoulent. On n'y prend pas garde. C'est sympa d'être ensemble !

*

On a partagé un Big Mac et un grand coca. Mais les pulsations du cœur de l'horloge électronique, sur le mur, battent en chiffres rouges qui s'affichent, implacables. À toute allure, la vie du temps s'écourte sous nos yeux.
17 h 30, 32, 40… 18 heures ! Les vingt minutes sont passées. Il y a même trois quarts d'heure qu'on est ensemble, à se raconter nos vies.
On a plein de choses à se dire ! Peut-être parce qu'on se ressemble un peu : je serai danseuse, et il veut être peintre.
Je dis tout bas :

– Tu sais… il faut que j'y aille. Maman va se faire du souci.
– Où tu habites ?
– Dans le quinzième, à Sèvres-Lecourbe.
Il me prend la main :
– Je te raccompagne.
– Pourquoi ? C'est ton quartier ?
– Non, je vis à Courbevoie, juste à côté d'ici, mais j'ai envie de rester un peu plus avec toi.
Carrément !
Gênée, je n'ajoute plus un mot. Et on repart. Côte à côte. Dans le métro, on s'appuie épaule contre épaule. J'aime bien.

*

À Sèvres-Lecourbe, il faut se séparer, mais Jerry descend avec moi jusqu'à la sortie.
– Dimanche, qu'est-ce que tu fais, Carlotta ?
– Rien. Je prépare mes affaires. Et, après, je retourne à l'École. Le ronron, quoi.
C'est vrai que ma vie est plutôt routinière ! Je ne l'avais pas bien réalisé jusqu'à aujourd'hui.
– Si on allait au cinéma ? propose-t-il.
Je baisse la tête :

– Je ne peux pas.
– Pourquoi ?
– À cause de Maman. Je n'oserais jamais lui demander. Le dimanche, c'est un jour pour rester avec elle, tu comprends ?
Il a l'air : je lui ai raconté mon emploi du temps, en long, en large et en travers ! Et puis, moi, je ne me sens pas le courage d'expliquer à Maman d'où je sors ce « flirt », comme elle disait l'autre jour. Je vois d'ici sa tête !
– Alors, tu sais ce qu'on va faire ? dit Jerry. Tu viens une heure plus tôt au RER et on reste un peu ensemble, comme aujourd'hui. D'accord ?
Je bredouille une réponse inintelligible, qui peut passer pour un oui. À l'idée de chercher (et de trouver) une excuse pour quitter plus tôt la maison, j'ai déjà des sueurs froides ! Du coup, je dis très vite :
– J'y vais, hein ? salut !
Et je pars à toutes jambes, en direction de la rue Lecourbe.
Jerry... Il me suit des yeux, je le sais. Je dois me forcer pour ne pas me retourner.

*

À mon coup de sonnette, Maman ouvre précipitamment :

– Enfin ! Je commençais à m'inquiéter…

Je dis, le regard fuyant :

– Les encombrements…

Là-dessus, je brandis une rose – je viens de l'acheter chez le fleuriste, avec mes derniers sous :

– Tiens, c'est pour toi.

– Chérie… que c'est gentil ! Mais… en quel honneur ?

– Comme ça.

Et je me jette dans ses bras. Je ferme les yeux. Je me serre contre elle. J'ai envie de pleurer. Peut-être parce que, même si ça fait plaisir, ça fait aussi un peu mal, de grandir.

– Ma toute petite…, murmure ma mère.

Chapitre 8

UN BAISER…
QU'EST-CE QUE C'EST ?

– Le chapeau de sorcière !
Il trône dans ma chambre. Il tient à la fois de la cage à canaris désaffectée et, avec toutes ses plumes multicolores, de la coiffure de gala d'un chef sioux. J'en reste baba.
Quand Germain-le-Joufflu verra Sophie là-dessous, il risque de tomber assis par terre !
Je dis d'abord :

– Aïe, aïe, aïe…
Puis, je m'écrie :
– Super !
Après tout, Sophie ne va pas à un concours d'élégance, mais à une boum de Halloween. Tous les coups sont permis ! Mamita l'a compris. Et son imagination s'est déchaînée. Elle est vraiment géniale ! Mais je suis un peu déçue qu'elle ait livré son chef-d'œuvre en mon absence. Je bougonne :
– Elle aurait pu passer demain. On se serait vues.
– Non, figure-toi que, demain, elle prend le car avec toute une bande de « copines » pour visiter le château de Chantilly, les écuries, etc.
– La chance !
Maman me jette un coup d'œil hésitant, puis avoue :
– Autant te dire la vérité : elle a proposé de t'emmener, et j'ai refusé.
Je pousse un cri indigné :
– Pourquoi ?
Elle crie plus fort que moi :
– Tu crois que la question se pose, Carlotta ? C'est très fatigant, ce genre d'ex-

cursion ! Et, le week-end, tu dois te reposer, te recentrer…
Soudain, ses yeux étincellent de colère :
– Mme Lorca m'a téléphoné.
La vache ! Je ne m'attendais pas à ce coup de poignard dans le dos. Tête basse, je m'assois au pied de mon lit. J'ai froid. La voix de Maman n'est plus qu'une espèce de bourdonnement désagréable :
– Elle m'a dit que malgré ses remontrances « affectueuses », dont tu t'étais bien gardée de me parler, tu étais de plus en plus dispersée…
Dispersée. Pour ne pas changer. C'est le grand mot ! À croire que je m'éparpille en petits morceaux. Un qui danse, l'autre qui imagine, le troisième qui… pense à Jerry ! C'est vrai, finalement, il y a un peu de ça…
– Et tu sais que, dans la danse, c'est un affreux défaut, d'être dispersée.
Je balbutie :
– Maman, je te promets, je vais essayer de me « recoller ».
– C'est ça ! Fiche-toi de moi.
Elle sort en claquant la porte, si fort que j'ai l'impression de prendre le coup en pleine figure. Endolorie et incrédule, je ne

bouge pas. Je n'y comprends rien. Je lui ai offert une rose il y a cinq minutes, et elle me fait une scène. Quelle injustice !
C'est normal d'avoir envie de sortir ou de se balader, de s'amuser, quoi ! Même quand on est danseuse. Machinalement, j'attrape mon vieux nounours. Je lui tortille une oreille. Les larmes me remplissent la bouche d'un goût de sel :
– Mamita...
Comme j'ai envie de la voir, tout à coup. Elle me consolerait. On éclaterait de rire. Tout irait mieux. J'oserais même lui « raconter Jerry ». C'est la seule à qui je pourrais parler de lui...
Je lui dirai :
« Il est très beau, tu sais, et gentil. Ça fait un peu bizarre de rencontrer quelqu'un dans le métro... même, il faut se méfier... mais, moi, je n'ai pas envie de me méfier de lui. Ça tient à ses yeux... tellement rieurs... et doux ! »
Bien sûr, ma grand-mère me posera les questions essentielles : Âge ? Seize ans. Nom de famille ? Lejeune. Profession des parents ? Père : directeur d'une école primaire en banlieue ; mère : travaille dans une

banque, à la Défense. Mamita me répondra, je le parierais :
« Plutôt traditionnel, tout ça !
– Oui. Mais lui, il sera artiste-peintre.
– Ça me rassure ! »
Malgré deux ou trois larmes qui me chatouillent les joues, je ne peux m'empêcher de sourire. Super Mamita ! À distance, elle me donne le courage de me lever et d'appeler :
– Maman ?
Eh oui ! je m'apprête à faire les premiers pas. Je déteste être fâchée avec ma mère. Mais, maintenant, je sais que dimanche je n'hésiterai plus à lui mentir. Elle l'a bien cherché… et mérité !

*

Je la déçois. C'est clair !
Pendant tout le week-end, Maman n'est pas dans son assiette. Elle doit se tourmenter pour mon avenir, bien qu'il n'y ait pas de raison. Tout m'a réussi, jusqu'à présent. Et ça va continuer !
J'ai beau me fatiguer à lui sourire, elle me fait la tête. Ça m'énerve à hurler, mais je me retiens. Je pense : « Jerry… », et l'air d'enterrement de ma mère me fait beau-

coup moins d'effet. Le revoir… Ça va être chouette !

J'ai vraiment très envie de le retrouver. Je ne sais pas si ça s'appelle « être amoureuse ». Un terme que je déteste, sucré comme un caramel qui vous colle aux dents ! Plutôt que « tomber a… » (c'est drôle qu'on dise « tomber » comme s'il s'agissait d'un accident), je préférerais devenir « amitieuse »… Avoir un ami, un vrai, quelqu'un à qui je pourrais parler, ça, j'aimerais bien !

Peut-être que ce sera lui ?

Et on dirait que la chance se met de mon côté ! Dimanche, vers 17 heures, Maman reçoit un coup de fil. Conciliabule mystérieux à mi-voix dans la pénombre de l'entrée. Elle en revient avec des yeux plus brillants, mais la bouche sévère :

– Tu sais, Carlotta, dit-elle, que le dimanche est sacré pour moi. Je n'accepte aucune invitation afin de pouvoir t'accompagner au RER…

Je l'interromps avec vivacité :

– Et aujourd'hui, tu me laisses tomber, c'est ça ?

– Oui. Un ami de Suzanne, rencontré par

hasard l'autre soir quand nous sommes sorties toutes les deux, vient de me proposer d'aller voir un film. Il m'a donné rendez-vous à 18 heures sur les Champs-Élysées, devant le cinéma, et j'ai accepté.
Génial ! je n'ai même pas besoin d'inventer un beau mensonge. Je marmonne :
– T'en fais pas. Je partirai en même temps que toi et j'arriverai plus tôt à l'École. Voilà tout. Je vais téléphoner à Sophie qu'elle ne m'attende pas sur le quai.
Maman est-elle surprise par ma réaction… ou soulagée ? Je n'en sais rien : sans un mot, elle part vers la salle de bains. Elle tient à se faire belle, on dirait. Moi, après mon coup de fil à Sophie, je vais dans ma chambre et je commence à remplir mon sac. Toute seule. Pour la première fois. Ça me fait drôle. J'ai de la peine, tout à coup. Je regarde la photo de Papa. À cet instant, il me manque. Beaucoup. Même si je ne l'ai jamais connu. Je suis sur le point de pleurer.
Mais je pense une fois de plus : « Jerry… » Et ça va mieux !

*

Il a toujours son carton à dessin sous le bras. J'éclate de rire :
– Dis donc, tu dors avec ?
– Et toi, qu'est-ce que tu trimballes dans ce grand pochon ? Une cloche à fromage ?
L'index sur les lèvres, je chuchote :
– Mystère…
Et, pendant qu'on se dirige machinalement vers le McDo des Quatre-Temps, il essaye de deviner :
– Mappemonde, igloo portatif, montgolfière… Abat-jour ?
Je pouffe :
– Tu brûles !
Ce jeu est idiot, d'accord, mais que ça fait du bien, de rire de choses idiotes ! Elles m'évitent de penser à Maman. Au fond, son attitude m'inquiète… un peu. Je ne l'ai jamais vue comme ça : froide, presque hostile. Et jamais, avant, elle ne m'a plaquée pour sortir. J'ai l'impression (bizarre) de ne plus la reconnaître tout à fait…
– Alors… c'est quoi ? demande Jerry.
Je tressaille. Je grimace un sourire forcé :
– Tu vas voir…
En un tournemain, je me plante sur le crâne

le chapeau de Sophie ; il en reste baba, les passants aussi, d'ailleurs.
– Génial !
– C'est ma grand-mère qui l'a inventé.
– Dis donc, elle a peur de rien, ta grand-mère !
Sous ma carcasse d'abat-jour emplumée, je hoche la tête :
– Non, de rien ! Elle dit toujours que c'est parce qu'elle a connu le pire.
– Le pire ?
Je regarde Jerry dans les yeux. Est-ce que je peux lui parler VRAIMENT ? Dans son regard, quelque chose me répond « oui ». Je dis tout bas :
– Son fils unique est mort. Voilà. C'était mon papa.
– Je comprends, dit Jerry.
Et je sais que c'est vrai. Mais il n'ajoute rien ; une fois que j'ai ôté et remisé le chapeau, il me prend juste par le cou. Il ne me lâche plus jusqu'au McDo. À l'École, on apprend des pas de deux. Les garçons nous tiennent par la taille pour certains tours ou à pleins bras dans les portés ; mais ça ne fait pas la même impression. Pas du tout. Là, j'ai très envie de poser ma tête sur l'épaule

de Jerry et de fermer les yeux…
Je me retiens, bien sûr !
Tout le monde nous regarde. Enfin… il me semble ! Je suis sûre qu'on a l'air d'être le Prince et la Belle…

*

On retrouve le même coin que vendredi, derrière un pilier. Et on boit à la paille dans le même grand Coca. Nos yeux sont tout près. On se regarde. On se parle. On se tait. On se sourit… ou pas. On est bien. Comme dans du nuage tout doux. Au chaud. Je jurerais que le temps ne passe plus. Il s'est arrêté. Rien que pour nous. Ou alors, il a perdu toute importance. Bien fait ! Depuis quatre ans, il m'a assez embêtée, le temps !
Tout à coup, Jerry se penche vers le carton à dessin, posé contre un pied de la table, l'entrouvre :
– J'ai un truc à te montrer.
Il sort une grande feuille de papier. J'y aperçois des traits de crayon, la courbe d'un chignon, l'angle d'un œil…
– Ton portrait, annonce-t-il en l'étalant sur la table.
Éberluée, je ne sais pas quoi dire. Et Jerry

a l'air vachement content de lui. Ému aussi, je dirais.
– Je l'ai fait de mémoire, ajoute-t-il à mi-voix.
Ça veut dire : « Depuis vendredi, j'ai pensé à toi… », et ça m'intimide. Paupières baissées, je lisse machinalement un coin froissé de la feuille lorsque, soudain, Jerry m'attrape par le poignet. Surprise, je relève la tête. Nos regards se croisent et ne se quittent plus, comme l'autre jour dans le RER – mais ce n'est plus le même défi. Non. C'est autre chose. Il se penche vers moi. Je sens son souffle sur mes lèvres. Je n'ai plus envie de rire, ni même de sourire, parce que, je le sais, il se prépare à… il va… Il m'embrasse.
Je ferme les yeux. Cette fois-ci, j'ai perdu. Tant mieux… et tant pis pour les gens autour de nous ! Je l'embrasse aussi. Mon cœur bat si fort qu'il me remplit la tête d'un fracas de cloches.
Alors, c'est ça, un vrai baiser ? Peu de chose… et immense, à la fois ! Je voudrais dire à Jerry : « Je t'aime… beaucoup », mais je n'ose pas. Je préfère l'embrasser. Encore.

Chapitre 9

DEHORS !

Un ami. Pas un copain. Un ami. J'en ai un ! Qu'est-ce qu'on a pu se dire de choses, depuis tout à l'heure ! Je lui ai même raconté que j'adore inventer des tutus, il a trouvé ça génial (d'ailleurs, ça l'est) ! Et puis, il m'a promis de me peindre en danseuse, un jour… quand je serai étoile ! C'est super de penser qu'on sera encore amis d'ici là. Il en a envie. Moi aussi.

– Jerry…

Et on s'embrasse. Mais... je pousse un cri :
– Vingt heures trente !
Au-dessus de la porte, l'horloge électronique a l'air de me narguer. Ses chiffres rouges palpitent. 20 h 31. Je dis, la voix blanche :
– Comment ça se fait ?
Il n'y a pas d'explication à ce phénomène. Le temps a passé, et on ne s'en est pas rendu compte. Espèce de Cendrillon qui n'a pas pris garde à la danse des heures, je vais être en retard. Horriblement. Mon carrosse ne va pas se changer en citrouille et mes chevaux redevenir rats, mais ce sera pire : je vais arriver à l'École après l'heure limite. Qu'est-ce que je vais prendre !
Je manque de fondre en larmes. Mais Jerry se lève :
– T'affole pas. On y va. Je t'accompagne là-bas.
On empoigne notre barda et on part en courant. Il y a un RER dans trois minutes, en direction de Nanterre. On pique un sprint. Haletants, on débouche sur le quai à l'instant où la tête de la rame, scarabée à gros yeux, surgit du tunnel. Et je pousse un hurlement :

– LE CHAPEAU !
Je l'ai oublié au McDo. Oh ! mon Dieu ! Que faire ? Le train glisse le long du quai. Les voyageurs se précipitent. Jerry me pousse dans le dos :
– Monte ! Je m'occupe du chapeau. Je te le rendrai vendredi prochain. Rendez-vous ici à 17h15.
Je bondis dans le wagon. Les portières refermées, je reste debout, la figure appuyée au carreau. On démarre. Son carton sous le bras, Jerry court le long du quai, il m'accompagne. Je ris. Un vieux bonhomme grommelle :
– C'est beau, la jeunesse…
Oui, ça l'est ! Vachement, même. Et, pendant trois secondes, je n'ai plus peur d'arriver en retard. Je n'ai plus peur de rien. Mais, rame et voyageurs, le tunnel nous avale. Plus de Jerry. Que je me sens seule, tout à coup !
J'ai un mauvais pressentiment.

*

Une fois à Nanterre, les derniers mètres sont les plus durs.
Je cours à perdre haleine en direction de

l'École. Mon sac à dos me concasse les vertèbres, et mon cartable pèse aussi lourd que s'il était plein de cailloux. Dans la nuit noire, avec les tours cloutées de lumières tout autour, mon école a plus que jamais l'air d'une forteresse de neige où, à cette heure-ci, luisent les yeux jaunes de quelques loupiotes. J'ai peur.
S'ILS ne m'ouvraient pas ? S'ILS me laissaient dehors ? J'appuie sur la sonnette. De toutes mes forces. Et je ne la lâche plus. Son grésillement suraigu cisaille la nuit. Remue-ménage à l'intérieur. Le gardien ouvre :
– Carlotta Gravier ! C'est à cette heure-ci… Allez, entre, et au trot !
Je me rue à l'intérieur et sa voix m'arrête :
– Tu nous as fait sacrément peur. On vient même d'avertir la gendarmerie que tu avais dû avoir un pépin dans le RER. Ça ne répondait pas chez ta mère : on a laissé un message sur le répondeur.
Je balbutie :
– Oh ! non !
– Si. Après tout, tu aurais pu être enlevée, agressée, droguée, blessée…
Je grommelle :

– N'importe quoi.
– Tu diras ça à la direction.
Et, glacée jusqu'aux os, je comprends qu'il va se passer quelque chose de terrible.
DE VRAIMENT TERRIBLE.

*

Le pire, c'est le matin.
À demi endormie, j'ai l'impression d'avoir fait un cauchemar. En ouvrant les yeux, je vais retrouver le décor familier, la cloison parsemée de photos ; j'entendrai le bâillement de Marguerite ou la voix de Sophie : debout, les étoiles !
Mais non !
La vérité me revient comme une claque et me réveille en sursaut. Elle me donne envie de pleurer. Encore. Encore plus. Depuis deux jours, je n'ai pas arrêté. Et je ne sais pas si j'arrêterai un jour. « Tu en pleureras toute ta vie », m'a prédit Maman.
J'AI ÉTÉ RENVOYÉE DE L'ÉCOLE.
Et je me trouve à Paris. Dans ma chambre d'enfant. Couchée au milieu de mes peluches consolatrices. Sur le mur, Carlotta Grisi me regarde d'un air navré. Et moi, je n'ose pas regarder Papa. S'il était là, que

dirait-il ? Il ne me féliciterait pas, c'est sûr. Il aurait même honte de moi.
RENVOYÉE.
Je n'arrive pas à y croire. Ah ! ça n'a pas traîné :
« Imperméable à l'esprit de la Maison. » Voilà le verdict.
Je n'ai même pas terminé la semaine. « Dans ces cas-là, il vaut mieux », a dit la directrice en ajoutant qu'elle m'avait pourtant mise en garde. Oui, c'est vrai. Mais je n'ai pas fait attention. Et je n'ai rien vu venir. Je devais avoir la tête ailleurs.
Jerry…
Je lui en veux. C'est sa faute ! À cause de lui, j'ai été chassée de MON paradis terrestre. Méchamment. Si je ne l'avais jamais rencontré… Oh ! que j'aimerais remonter le temps, comme on rembobine un film : à toute vitesse, les personnages courent à reculons vers le début… et tout recommence. Mais moi, une fois revenue à mon point de départ, je changerais la suite, ça, c'est sûr !
Je me retrouve dans le RER, face à ce « garçon aux yeux bleus » dont je me fiche et me contrefiche…

ET JE DÉTOURNE LA TÊTE.
Il ne se passe RIEN. Notre histoire s'arrête net. Je suis sauvée ! Je reste à l'École de Danse de l'Opéra de Paris. Mais non ! Vois les choses en face, Carlotta. Tu ne peux rien recommencer. Dans la vie, on ne fait pas de brouillon. Là, c'est raté. Définitivement. Et Jerry gagne un chapeau de sorcière en prime ! À se tordre de rire… si je ne sanglotais pas, tout à coup, le nez dans l'oreiller. Dire qu'il va m'attendre avec ce ridicule galurin, vendredi ! c'est trop idiot. Il va attendre, attendre…
Toc-toc ! Je hoquette :
– Ouais-ais ?
Maman entrouvre la porte :
– Bonjour, Carlotta, dit-elle sèchement, viens déjeuner. J'ai à te parler.
– J'arri-ive.
Automate qui renifle, j'enfile ma robe de chambre, mes pantoufles, et je me rends d'un pas traînant à la cuisine. Assise à la table où sont disposés les bols et la théière, ma mère se tient le front dans les mains. Depuis deux jours, elle est en arrêt maladie, à cause d'une migraine d'enfer. Un cachet d'aspirine effervescente fait pétiller l'eau

d'un grand verre. Ce petit chuintement remplit le silence. C'est exaspérant. Et, penchant la tête, la rose que je lui ai offerte est toute racornie dans son soliflore, sur une étagère. Ça me fait triste.

Maman m'adresse brusquement la parole :

– Alors, tu es fière de toi ?

Je la regarde avec de grands yeux ; les siens sont tout bouffis. Je chevrote :

– Non. Mais qu'est-ce que j'y peux ?

– Tu es entièrement responsable. Dispersée, dissipée, distraite, désinvolte…

Et quoi encore ? Je dis :

– N'oublie pas « dyslexique ». Je l'ai été à six ans.

– C'est ça, fais de l'esprit ! s'écrie-t-elle. En tout cas, maintenant, tu es surtout… désolante.

Ce dernier adjectif clôt le dialogue pendant dix secondes. Ma mère sert le thé. Ses mains tremblent. Une tache rouge la marque au cou ; et elle éclate :

– Tu étais sur la voie royale. Tu serais entrée à l'Opéra de Paris.

Je l'interromps :

– Pas sûr ! on n'est jamais sûr de rien dans la danse ! J'aurais pu me casser une jambe, par exemple, ou déplaire au jury des examens, et ça aurait été le même résultat : dehors !

Maman monte sur ses grands chevaux :

– Non ! Ça n'aurait pas été le même résultat. On aurait parlé de malchance, pas d'indiscipline !

Je m'écrie :

– Eh bien, moi, je préfère être indisciplinée que malchanceuse, figure-toi !

Maman tape sur la table :

– Tais-toi. N'essaie pas d'avoir raison, tu as tort. Et tout ça parce que tu as traîné dans un McDo avec des copains ! Lesquels, au fait ?

Je n'ai rien raconté de plus : des copains. Et je ne raconterai rien. Je répète :

– Des copains.

– Tu pourrais me dire…

– Est-ce que tu m'as dit, toi, avec QUI, tu étais au cinéma, ce soir-là ?

– Ne dévie pas la conversation. Cela n'a rien à voir.

Avec nervosité, Maman boit une gorgée de thé, repose maladroitement sa tasse :

– Pour que tu danses, j'ai renoncé à toute vie privée, Carlotta. Mais ça va changer.

J'ai froid, tout à coup. Est-ce qu'elle est en train d'oublier Papa ? Je la regarde. Ses yeux sont durs :

– Quand je pense à tout ce que j'ai fait pour toi !

– Je ne t'ai rien demandé.

C'est vrai ! Je n'ai jamais exigé de danser. Maman a tout programmé. Mais, honteuse de mon insolence, je balbutie :

– Pardon…

Et, aussitôt, je lui en veux. C'EST MOI qu'on a renvoyée de l'École. Pas elle. C'est moi qui suis malheureuse ! Attention ! il ne faudrait pas confondre. Celle qui a le rôle principal, c'est moi ! Il s'agit de MON avenir. Pas du sien. Je fonds en larmes. J'en ai marre. Je suis trop mal. Jerry… Jerry… J'ai envie de revoir Jerry.

Et j'entends soudain à mon oreille :

– Calme-toi, mon petit rat d'amour…

Maman, toute douce, me caresse les cheveux.

Chapitre 10

LE SECRET DU BONHEUR

Quand on tombe de cheval, on se remet aussitôt en selle, a dit Maman. Et elle a appliqué ce principe à la danse.

Dès le lendemain, vendredi, je pousse donc à 13 h 15 la porte vitrée de l'école Vestris, qui occupe tout un étage de la salle Pleyel, afin de reprendre l'entraînement. Très vite. Pour la première fois de ma vie, ma mère ne m'accompagne pas. Elle est retournée au bureau, mais elle a tout organisé par téléphone. On m'attend, on m'accueille à bras ouverts, on me sourit. J'arrive de l'École de l'Opéra, le top du top. Ce n'est pas rien !

Je souris, moi aussi, machinalement. Mais quelque chose me crispe l'estomac lorsque je pénètre dans le vestiaire. À cause de toutes les filles de mon âge qui me regardent par en-dessous ? Non. Je ne les vois même pas. Je pense :

« Dire que je suis ici, alors que je pourrais être… là-bas. Dans la plus belle école du monde. » C'est… c'est effroyable ! Et, à cet instant, je comprends VRAIMENT que c'est fini. Je n'y retournerai jamais. Je ne suis plus un « petit rat de l'Opéra ».

Je ne suis plus rien.

Je me déshabille sans regarder personne. Je pourrais hurler de désespoir. La voix d'un piano, de l'autre côté du mur, dans un studio, ne me console même pas. Je me dis :

« Et maintenant, il faut que je danse ! »

Cela me paraît un effort surhumain. Mais je vais le faire. Bien sûr. J'y suis habituée. Je ne fais que ça depuis que j'ai commencé la danse : des efforts surhumains ! Je vais continuer. Aujourd'hui, demain, après-demain... pendant des semaines, et pendant des mois, un an, deux ans. Jusqu'à ce que j'aie seize ans, l'âge légal pour me présenter à des auditions. À ce moment-là, je serai peut-être engagée dans un ballet, et je continuerai. À faire des efforts surhumains. Parce qu'il faudra que je défende ma place, mon bout de scène, mon instant de lumière à moi !

Voilà ce qui m'attend.

Et c'est ce que je veux. Enfin, je crois...

J'enfile mes demi-pointes. Soudain, les filles se dépêchent. Moi aussi. Vite, vite, on tortille les chignons, on serre l'élastique de taille, on met des collants de laine par-dessus les justaucorps. La leçon commence dans cinq minutes. Cette agitation ne les empêche pas de chuchoter. J'entends des mots épars : audition-surprise... Ballet d'enfants... Cendrillon...

Qu'est-ce que ça signifie? Je hausse les épaules. De toute façon, je m'en fiche !

*

Le studio est grand (moins qu'à l'École), très lumineux (moins qu'à l'École). Je

trouve que tout est « moins qu'à l'École », ici ! Du bout des chaussons, je prends un peu de colophane dans le bac. Pour le coup, le plancher est sûrement plus glissant qu'à l'École ! Je vais à la barre. Personne n'est très disposé à me faire une place, mais je finis par en trouver une !
À cet instant, le pianiste entre en coup de vent, la mèche sur l'œil et l'air pressé, suivi du professeur, Mme Iris, une dame entre deux âges, et d'un jeune homme à la tête rasée et aux yeux très noirs. Il me semble que j'ai vu sa photo dans un magazine de danse. Et, de fille en fille, le chuchotis court... il arrive jusqu'à moi : Michaël Landry... c'est lui... c'est le chorégraphe ! Voilà ce que signifient les mots entendus dans le vestiaire ! Ce type est ici pour choisir une danseuse.
« Audition-surprise », c'était ça ! Mais je n'ai pas le temps de réfléchir davantage : les premiers accords font courir une espèce d'électricité. Je me concentre. Je me dis : « Il DOIT me choisir. »
Malgré tout, je suis encore (un tout petit peu) un rat de l'Opéra. J'ai cet énorme avantage sur les autres : une technique sans

faille et un corps admirablement « placé » par le travail de l'École. Un bref coup d'œil me suffit pour vérifier qu'il y a bien des défauts, dans les parages. Un dos pas assez droit, des épaules tombantes ou des pieds qui « roulent ». Ça me rassure. J'ai tout bon, moi !

Alors… !

*

La barre est longue, je trouve. Le regard de braise de Michaël Landry s'attache sur chacune, un instant. Tout le monde s'applique. On a si chaud qu'une fine buée commence à brouiller les baies vitrées du studio. Le chorégraphe griffonne ses observations sur un bloc, ou échange avec Mme Iris des regards de connivence.

Et, peu à peu, je suis prise d'une espèce de découragement. Il doit bien la connaître, il va sûrement choisir une de ses élèves. Je dois me forcer pour danser. Je ne sais plus pour quoi je danse ici, à l'école Vestris, environnée de tous ces inconnus. J'ai perdu mes marques. Et je pense à Jerry. Si je lui téléphonais ? Je vais chercher son numéro sur le Minitel avant que Maman ne rentre

du bureau. J'ai un bon prétexte : le chapeau. C'est idiot ! Je n'ai pas besoin de prétexte. C'est mon ami, même si ma vie est fichue à cause de lui. Je peux l'appeler, comme ça, sans raison, pour dire : « Si on se voyait ? »
Il me manque. Un peu-beaucoup… beaucoup… BEAUCOUP !
Je fais mécaniquement les grands battements. Je voudrais être loin. Au McDo des Quatre-Temps. Jerry me sourit, il se penche sur moi et…
– Au milieu !
Toutes les filles courent à leur place habituelle. Refoulée à droite, à gauche, au fond… Je me retrouve derrière. Mais Mme Iris dit :
– Honneur aux nouvelles ! Viens devant, petite !
Michaël Landry réprime un sourire, en gribouillant sur son bout de papier. Je m'élance au premier rang. Brusquement, parce que Mme Iris a fait attention à moi, je me sens gonflée à bloc. Ils vont voir ce qu'ils vont voir !

*

Révérence. Fin du cours.
Élégant, Michaël Landry nous adresse un salut. Et nous applaudissons toutes le professeur. Après ce bref fracas, Mme Iris nous fait un petit speech : le chorégraphe, qui a l'idée « subliiime » de monter *Cendrillon* en faisant danser des enfants, est venu choisir son étoile. Il en a remarqué plusieurs. Mais il va les recevoir une à une. Et il se décidera après.
Souriant, il tend sa feuille à Mme Iris, qui lit lentement trois ou quatre noms. Des visages s'empourprent, d'autres verdissent. Mon cœur pince. Et j'entends :
– La nouvelle est sélectionnée.

*

Dans le studio déserté, il n'y a plus que Mme Iris, Michaël Landry, assis sur des chaises, et moi, debout devant eux, mon cache-cœur sur les épaules.
– Tu t'appelles comment, finalement ? me demande-t-il.
– Carlotta Gravier.
Il sourit :
– Le prénom de la Grisi.
– Oui, c'est exprès.

– Je vois…

Bref silence. Michaël Landry ne sourit plus :

– Si je comprends bien, reprend-il, ta maman t'a appelée ainsi parce qu'elle avait envie que tu danses ?

– C'est ça. C'était son rêve.

– Et toi ?

Je le regarde sans comprendre :

– Moi ?

– Oui, toi ! Était-ce le tien… aussi ?

Je hausse les épaules :

– Ben… je ne m'en souviens pas.

– Les danseuses se rappellent toujours ce détail-là.

Je reste muette. Je n'y comprends plus rien. Il ne m'a pas retenue pour me parler de Carlotta Grisi ou de mes souvenirs d'enfance, non ? Il m'engage ou il ne m'engage pas. Qu'a-t-il besoin de tous ces détails ?

Il me regarde, pensif, et m'interroge soudain :

– Pourquoi danses-tu, Carlotta ?

– Mais… je ne sais pas.

– Pour faire plaisir à ta mère ?

Je réponds « oui », mais au bref coup d'œil qu'il échange avec Mme Iris, il est clair que

j'ai gaffé ; j'ajoute donc précipitamment :
– Mais j'aime ça… aussi.
Il ne sourit plus.
– Quand on aime la danse, dit-il, on ne l'aime pas « aussi », on l'aime « d'abord ». En premier. Avant tout. Tu comprends ?
– Oui.
Il réprime un soupir :
– Tu es belle, petite. Tu as une technique de fer. Ce sont des atouts incontestables. Mais tu danses sans passion. Et ça fiche tout par terre.
La stupeur et l'incompréhension m'entrouvrent la bouche. On ne m'a jamais parlé comme ça. Il s'explique :
– Carlotta, tu danses pour faire plaisir à ta maman, ou à qui tu voudras, tu ne danses pas par plaisir. La danse n'est pas pour toi une nécessité absolue… un bonheur… un jeu !
Je rétorque :
– Non, ce serait plutôt un travail.
– Qu'est-ce que je disais !…
M'attrapant la main, il la tapote avec gentillesse :
– Écoute… Un enfant de quatorze ans est encore trop jeune pour être un artiste ; mais il peut déjà posséder cette petite flamme qui fait qu'un jour, il le deviendra…

Que veut-il dire ? J'ai peur de comprendre. Je balbutie :
– Alors, moi, je ne l'ai pas, votre « petite flamme », c'est ça ?
– Non. Pas pour la danse, mais pour autre chose… sûrement ! À toi de trouver quoi.
Je n'en crois pas mes oreilles ; j'insiste en butant sur les mots :
– Ça veut dire que… vous ne voulez pas de moi ?
– Je ne veux pas d'une poupée mécanique.
La gifle ! Seul, mon orgueil m'empêche d'en tomber par terre. Éliminée. Comme une nullarde sortant d'un conservatoire de province ! Quel crétin, ce Michaël Landry !
Je dis, les dents serrées :
– Très bien.
– Ne le prends pas mal. Il fallait que je te dise tout ça, ou tu n'aurais pas compris. Ce métier est trop dur pour qu'on ne parle pas franchement aux enfants.
Mais je ne l'écoute plus. Je sors du studio, la tête haute. Mes yeux brûlent. Je file directement aux lavabos. Je m'y enferme. Et j'éclate en sanglots.

*

Pas une minute de plus à l'école Vestris !
À peine calmée, je me rhabille, puis je prends mes cliques et mes claques. Tant pis pour le cours de pointes qui débute dans cinq minutes ! J'en ai soupé, des pointes, de la danse et des chorégraphes ! Maman dira ce qu'elle voudra. Tant pis !
Je m'élance dans l'escalier. Dans mon dos, j'entends une voix alarmée :
– Carlotta Gravier ! Où vas-tu ?
Sans me retourner, je dévale les marches, je fais irruption dans la rue, pars en courant, tourne le coin. Personne ne m'attrapera ! Je dégringole au galop l'avenue Hoche. Au bout, dans la lumière grise et cotonneuse, les grilles du parc Monceau brillent, noir et or. Avec les branches nues des arbres en arrière-plan, c'est un vrai décor de théâtre.
Le souffle court, je marche plus lentement.
J'imagine…
Surgissant de ces portails extraordinaires, des ballerines… Elles portent des tutus assortis aux entrelacs compliqués du fer forgé, et elles dansent sur du Mozart, la *Petite Musique de nuit*, par exemple.
J'aime bien ce livre d'images qui s'ouvre dans ma tête. Il me calme. Je ne suis plus

aussi en colère, ni aussi triste. C'est chouette, l'imagination ! ça console. À pas lents, je déambule dans une allée.
Jerry…
Finalement, je ne chercherai pas son numéro de téléphone, je ne l'appellerai pas. Non. Je vais le rejoindre dans le RER ! À 17 h 15. Comme prévu. Et je lui raconterai tout ça. Il comprendra. Je vais le revoir !
À cette idée, j'ai l'impression de respirer. Vraiment. À fond.
Jerry…
Et je reste pétrifiée. Là, au détour d'une allée… cette frêle silhouette, toque de faux renard, bottes rouges, en train de lancer des miettes aux oiseaux :
– MAMITA !

*

Malgré le froid, on s'assoit sur un banc. Main dans la main.
– J'ai demandé les horaires à ta maman, dit-elle, je pensais aller te chercher à la sortie du cours de pointes. Et je passais le temps en attendant…
Je souffle :
– Qu'est-ce que je suis contente de te voir !

Elle me jette un coup d'œil en biais :
– Alors, tu as séché ?
– Oui, parce que…
En quelques mots, je lui raconte mes malheurs. Et, au lieu de me plaindre, ma grand-mère hausse les épaules :
– Cet homme t'a dit la vérité. Voilà tout.
Je croyais qu'elle prendrait mon parti ! Éberluée, je reste coite.
– Il a bien vu que la danse n'est pas le centre de ta vie, poursuit-elle, comme ils l'ont vu à l'Opéra. Si tu étais un sujet d'exception, ils t'auraient gardée malgré ton indiscipline. Mais, grâce au ciel, tant d'autres choses t'amusent, Carlotta !
Mamita me jette un regard songeur :
– Est-ce que ça te manquerait, si tu arrêtais de danser… définitivement ?
Arrêter de danser… ? Cette idée ne m'a jamais effleurée. Mais j'y réfléchis trente secondes et je finis par murmurer :
– Ça me reposerait plutôt, je crois.
– Tu es franche, au moins ! s'écrie ma grand-mère. Mais, vois-tu, Carlotta, jamais une vraie danseuse ne répondrait une chose pareille.
Tête basse, je regarde fixement mes pieds

dans leurs baskets. Mes pieds cambrés, « travaillés », parfois douloureux. Mes pieds de danseuse… ou pas ?
– Une vraie danseuse n'aurait pas séché le cours de pointes, poursuit Mamita, une vraie danseuse aurait voulu prouver à ce Landry qu'il se trompait. Elle se serait acharnée !
Alors, j'admets :
– Je n'en suis peut-être pas une… ?
Je me tourne vers elle :
– Qu'est-ce que je dois faire, à ton avis ?
– Tâche d'imposer tes véritables goûts. À ta maman, d'abord, aux autres, ensuite.
J'appuie la tête sur son épaule :
– Qu'est-ce qu'il m'aurait conseillé, Papa ?
– De faire ce que tu aimes vraiment. J'en suis certaine. Et, crois-moi, c'est le secret du bonheur.
J'ai l'impression d'avoir appris quelque chose de très très important.
Et je répète à mi-voix :
– Le secret du bonheur…

Épilogue

Pour le RER, c'est râpé !

Mamita ne m'a pas lâchée de l'après-midi. Elle m'a ramenée devant chez moi à 17 h 30. Plus le temps de m'échapper. C'est bête ! Mais je penserai à ça (à Jerry et tout) plus tard ! En ce moment, ma tête est vide. Ou, plutôt, une seule idée la remplit : je dois parler à Maman dès qu'elle rentrera. Et j'ai le trac. Je tourne en rond dans ma chambre.

Comment m'y prendre ?

Je jette un coup d'œil à la photo de Papa. Je m'approche. Je réclame tout bas :

– Tu vas m'aider, dis ?

Il me répond avec son sourire de photo. Comme d'habitude. Mais peut-être que s'il me regarde, de là où il est, il est en train de me sourire, pour de bon ?
Et moi, qu'est-ce que j'ai envie de pleurer !
Je détourne les yeux. Ils tombent sur le portrait de Carlotta Grisi. Alors, je tire une chaise dessous, y grimpe… À cet instant, une clef tourne dans la serrure, un bruit de talons résonne dans l'entrée :
– Carlotta ? Tu es là ?
– Ouiii !
Maman fait irruption dans ma chambre :
– L'école Vestris m'a prévenue que tu étais partie… Où as-tu la tête ? J'ai quitté le bureau plus tôt… Et que fais-tu perchée sur cette chaise ?
– Tu vois bien.
Je décroche le tableau de son clou :
– Ça suffit, je l'ai assez vue, Giselle !
– Mais enfin, Carlotta, qu'est-ce qu'il te prend ?
Le tableau sous le bras, je saute sur le tapis :
– J'arrête la danse, Maman. Voilà.
On dirait que je l'ai frappée. Ses yeux s'agrandissent. Elle porte les mains à son visage.

– Tu deviens folle… ou quoi ? balbutie-t-elle.
– Non. J'ai dansé parce que tu en avais envie ! Mais je n'étais pas faite pour ça ! Le chorégraphe me l'a bien dit. Et maintenant, je veux faire ce que j'aime, moi ! Inventer, dessiner, imaginer des costumes, les coudre… Voilà !
Elle reprend sa respiration :
– Écoute, Carlotta… tu as juste un coup de déprime… on va mettre tout cela à plat…
– Non.
Je la regarde. Sans colère. Sans insolence. Sans révolte. Je la regarde avec gentillesse, et je dis :
– Maman, maintenant… c'est moi qui décide !
DRIIING ! Le téléphone !
Elle sort répondre ; puis revient en annonçant :
– Pour toi… un garçon qui parle de chapeau. Qu'est-ce que c'est que cette histoire ?
J'en lâche le tableau :
– Jerry !
Il m'a attendue, cherchée… et trouvée ! C'est génial ! Je me précipite vers l'appareil. J'en ai, des choses à lui dire ! Plein de

choses drôles, graves, douces ou complètement farfelues ! Oh ! que j'ai envie de lui parler !

Je chuchote :

– Allô, Jerry ?

Il répond :

– Carlotta…

Et je me dis que ma vie, ma vie à moi, commence pour de bon.

FIN

Et pour rêver encore,
lis cet extrait
de

MUSIQUES À CŒUR

de Michel Amelin

Chapitre 1

Quand je me suis réveillée, j'étais gonflée à bloc ! D'habitude, je mets trois quarts d'heure à émerger du lit. Et il vaut mieux ne pas me voir quand je me traîne dans la cuisine. On dirait une morte vivante coiffée avec une bombe !
Par contre, ce matin-là, je sautai gaiement sur le parquet, me précipitai dans la salle de bains, puis dans la cuisine en hurlant des « Bonjour, Papa ! Bonjour, Maman ! »
Le soleil brillait. Les oiseaux gazouillaient près des géraniums du balcon. La radio chantonnait en sourdine « Jamais partir », le dernier tube des Loverboys.

C'était un joyeux signe du destin ! Mes parents sirotaient leur café en feuilletant un magazine. Ils faillirent tomber de leurs chaises quand ils me virent.
– Émilienne ! Tu es déjà prête ? s'exclama mon père.
Ma mère me mitrailla de questions :
– Quel jour sommes-nous ? Mercredi ? Tu n'as pas cours ! Pourquoi es-tu déjà habillée ? Où vas-tu ? Quelque chose ne va pas ?
Je bondis à ma place. Je me servis des céréales et un grand verre de jus d'orange.
– Au contraire ! répondis-je, la bouche pleine. Tout va très bien ! Aujourd'hui est un grand jour ! Je vais devenir journaliste !
Mes parents se regardèrent.
– Le collège va lancer un magazine génial. Il s'appellera *Débranchés*. Ce matin, les élèves journalistes ont rendez-vous avec le principal ! On va se répartir les sujets.
Mon père se leva et m'embrassa :
– Incroyable ! Une journaliste dans la famille ! J'espère que tu ne feras pas trop de fautes d'orthographe dans tes articles.
– Mais pourquoi tu n'en as pas parlé avant ? demanda ma mère.
Je tortillai le coin de ma serviette sous le fier regard de mes parents :

– C'était mon secret. Rien n'était sûr. Il y avait dix projets différents dans le collège. Un seul allait être retenu. Et c'est le nôtre qui a gagné ! Le premier numéro de *Débranchés* doit sortir dans un mois. Nous avons du pain sur la planche. Bon ! Il faut que je file. Je suis déjà en retard. Gros bisous. Je dois passer prendre Barbara. À ce soir !

Telle une tornade, je tourbillonnai dans la cuisine en cueillant blouson, foulard, portefeuille, sac, clés, monnaie, carte de cafétéria, chewing-gum, baladeur, piles, cassettes, bloc-notes, stylo. Sans oublier mes lunettes de soleil spéciales ski, armature acier, reflets bleu pétrole, pour avoir un look branché en tout temps et à toute heure.

Je cavalai dans le couloir. Bien sûr, l'ascenseur préhistorique de notre immeuble était encore bloqué !

– En route, ma fille ! me commandai-je. Une petite descente par l'escalier te fera le plus grand bien. Ce sera ta gym du matin !

Mes tennis auraient été plus adaptées que mes super-rangers rouges à lacets noirs. Au palier du second étage, je branchai mon baladeur sur Digital FM, *la-radio-des-ados-qui-écoutent-de-la-très-bonne-musique*. C'était encore une pub pour les Loverboys !

Jamais partir, revenir,
dessiner, dessiner nos martyrs,
se retourner et regretter,
penser à hier et pleurer…

– Salut ! Moi, c'est Charlie.
– Salut ! Moi, c'est Axel.
– Salut ! Moi, c'est Anthony.
– Salut ! Moi, c'est cool.
– Tu veux gagner des cadeaux ?
– Tu veux gagner des places de concert ?
– Alors, laisse-nous un gentil message sur le 36 23 LOVERBOYS et nous te répondrons… peut-être.
– Appelle-nous ! 36 23 LOVERBOYS ! Salut !
– Chwgovneufgmanouisfrancschwoingvingttrois la minute.
Jamais partir, revenir, dessiner, dessiner nos martyrs, se retourner et regretter, penser à hier et pleurer…
Cette pub était le deuxième signe du destin ! Mon projet se présentait au mieux !
Je déboulai dans le hall de l'immeuble en vingt secondes chrono. Un record ! J'avais quand même dix minutes de retard. Barbara devait être en train de se ronger les ongles jusqu'à l'épaule. Je filai, ventre à terre.

Chapitre 2

– Ouaouh ! Barbie ! Tu as sorti le grand jeu !
Barbara était vautrée sur son lit. Elle tournait les pages de *Top Radar*, son magazine préféré. Elle poussa un soupir de martyre :
– Je te défends de m'appeler Barbie !
– Excuse-moi. C'est l'habitude. Alors, tu es prête pour la grande aventure ?
Je laissai tomber mon sac, retirai mes lunettes et m'affalai à côté d'elle. Barbara n'a pas le même look que moi. Ses parents l'autorisent à se maquiller depuis un an. Et elle en profite ! En plus, elle crêpe ses longs cheveux blonds et les rejette

en arrière comme les Américaines. Barbara passe vingt-huit heures sur vingt-quatre devant son miroir et use un rouge à lèvres par jour ! Au collège, les garçons tombent raides morts quand Barbara les croise. Elle ne leur accorde pas un regard. Elle a d'autres amours ! Des amours chanteurs de moins de vingt ans peuplant ses magazines ! Ricky, Filip, Isaac, Adel, Nathan, Brian, Matt, Cal n'ont plus de secrets pour elle…

C'est la grande culture de Barbara qui m'a donné l'idée du sujet que je vais proposer pour le premier numéro de *Débranchés*.

Barbara passe des heures et des heures à rêver au jour où elle sera star, chanteuse, top model ou esthéticienne en chef. Moi, j'ai d'autres objectifs : journaliste, réalisatrice, reporter de guerre. Nous nous entendons très bien depuis la 6e.

– Nous n'avons que dix minutes maximum pour nous précipiter au collège ! hurlai-je pour la faire bouger de son lit transformé en champ de bataille.

– J'ai pas envie.

– Quoi ? Mais tu étais d'accord hier !

– J'ai changé d'avis.

– Toi, tu me caches quelque chose !

Barbara fit la moue :

EXTRAIT

– Mes parents ont reçu leur note de téléphone hier. Je ne te dis pas le savon qu'ils m'ont passé !
– Raconte !
– C'était la première fois qu'ils lisaient la facture détaillée. Ils ont constaté que j'appelais souvent des services Minitel. Ils ont piqué une sacré crise.
Barbara se mit à tourner les pages de son magazine à une vitesse supersonique. C'est vrai qu'elle avait l'air troublée. Elle faisait tellement de vent que ses cheveux volaient ! Je respirai à fond pour me calmer. Si Barbara déclarait forfait maintenant, mon projet tombait à l'eau. L'horreur totale !
Je lui tapotai gentiment la main :
– Tu ne vas pas me faire ce coup-là, ma vieille ! J'ai besoin de toi pour mon enquête.
– Tu te débrouilleras très bien sans moi.
Il fallait trouver une idée pour la décider. Une minute de plus, et elle allait se mettre à pleurer !

Chapitre 3

– Écoute, ma vieille ! Je me doute que tu ne fais pas le 36 23 pour avoir la liste complète des œuvres de Molière ou les horaires des vols Paris-Trifouillis-les-Oies. J'ai raison ?

Barbara vira au rouge tomate.

– Tu fais 36 23 pour te mettre en contact avec les services idiots qui font de la pub dans tes magazines préférés !

– Ce ne sont pas des services idiots ! Tu parles comme mes parents ! Quelle langue de vipère !

– Non ! Ce sont des services top intello très spécialisés. Ils te proposent les dernières nouvelles

sur les stars de sexe masculin, du genre mignon, allant par groupe de trois, quatre ou cinq !
Barbara hocha la tête d'un air lamentable.
– Je ne peux pas m'en empêcher, soupira-t-elle. Les boys bands me font complètement craquer. Et, en plus, je dépense tout mon argent de poche dans leurs magazines.
D'un geste vague, elle me désigna les dizaines de titres qui traînaient sur le tapis et les posters tellement nombreux sur les murs qu'on ne voyait plus le papier peint.
– Tu as le droit d'avoir une passion, dis-je, hyper sérieuse.
Barbara releva des yeux pleins d'espoir :
– Tu es vraiment une copine, Émilienne ! Si seulement mes parents pouvaient me comprendre aussi bien que toi !
Je regardai ma montre :
– Bon, on y va ?
– Où ?
– Mais au collège ! C'est la grande réunion et la distribution des sujets d'articles. Tu dois venir avec moi. Tu t'es engagée !
– Je ne veux plus entendre parler de *Débranchés*. Quand les autres vont connaître notre sujet sur les boys bands, je vais avoir la honte de ma vie.

EXTRAIT

– Moi, je n'aime pas trop les boys bands. Toi, tu es une accro, une intoxiquée ! On va faire une sacrée équipe toutes les deux !

– Ça m'étonnerait…

– Imagine le reportage. Toi, tu es une mine de renseignements, moi, je garde la tête froide. Dans les bons articles, il faut que les divers points de vue soient abordés. C'est un sujet en or, Barbara ! Les élèves du collège s'arracheront *Débranchés* pour lire notre enquête.

Barbara tourna les pages du magazine plus lentement.

– Et, qui sait ? appuyai-je, peut-être que nous pourrons en rencontrer ?

– Rencontrer quoi ?

– Des boys bands !

L'œil de Barbara s'alluma :

– Impossible !

– Compte sur moi, ma vieille. Les vrais journalistes vont sur le terrain ! Et comme nous serons les journalistes de *Débranchés*, les beaux garçons n'ont qu'à bien se tenir.

EXTRAIT

Découvre vite la suite de cette histoire
dans

MUSIQUES
À CŒUR

N° 316 de la série

Cœur Grenadine

Cœur Grenadine

PASSION DE LIRE

301. MON DOUBLE ET MOI
302. LE SECRET DU ROCKER
303. UN GARÇON DANS LE DÉSERT
304. LA FILLE SUR LE PLONGEOIR
305. UN DUO D'ENFER
306. DESTINATION SIDNEY
307. ÉCHEC ET... MATHS
308. RÊVES D'HIVER
309. PETITE SŒUR
310. UNE FILLE EN TROP
311. UNE ANNÉE EN GRIS ET BLEU
312. EN ATTENDANT L'AUTOMNE
313. NE ME DITES JAMAIS « JE T'AIME »
314. MENTEUSE !
315. BLEU COMME LA NUIT
316. MUSIQUES À CŒUR
317. C'EST MOI QUI DÉCIDE

Impression réalisée sur CAMERON
par BRODARD ET TAUPIN
La Flèche
en avril 1999

Imprimé en France
Dépôt légal : juin 1999
N° d'Éditeur : 5556 – N° d'impression : 6882V